新时代基础教育管理与质量评价研究

陈云坤 石 恪 丁俊锋 著

北京工业大学出版社

图书在版编目（CIP）数据

新时代基础教育管理与质量评价研究 / 陈云坤，石恪，丁俊锋著. — 北京：北京工业大学出版社，2022.1
ISBN 978-7-5639-8240-0

Ⅰ. ①新… Ⅱ. ①陈… ②石… ③丁… Ⅲ. ①基础教育－教育管理－研究－中国②基础教育－教育质量－质量评价－研究－中国 Ⅳ. ①G639.2

中国版本图书馆CIP数据核字（2022）第 026923 号

新时代基础教育管理与质量评价研究
XINSHIDAI JICHU JIAOYU GUANLI YU ZHILIANG PINGJIA YANJIU

著　　者：	陈云坤　石　恪　丁俊锋
责任编辑：	李　艳
封面设计：	知更壹点
出版发行：	北京工业大学出版社
	（北京市朝阳区平乐园 100 号　邮编：100124）
	010-67391722（传真）　　bgdcbs@sina.com
经销单位：	全国各地新华书店
承印单位：	三河市腾飞印务有限公司
开　　本：	710 毫米 ×1000 毫米　1/16
印　　张：	12
字　　数：	240 千字
版　　次：	2023 年 4 月第 1 版
印　　次：	2023 年 4 月第 1 次印刷
标准书号：	ISBN 978-7-5639-8240-0
定　　价：	60.00 元

版权所有　　翻印必究

（如发现印装质量问题，请寄本社发行部调换 010-67391106）

作者简介

陈云坤，毕业于厦门大学数学科学学院，博士研究生，现为安顺学院教授、硕士生导师。主要研究方向为教育管理和数学教育，主持各级各类研究项目10余项，发表论文20多篇（SCI收录论文10篇）。

石恪，女，汉族，河北邯郸人，安顺学院教授、硕士生导师，在读博士，主要研究方向为教育管理和语文教育。主持各级各类研究项目10余项，出版著作2部，参编教材1部，发表论文30多篇（SSCI收录论文5篇，核心论文5篇）。

丁俊锋，现为安顺学院教授、学前教育专业带头人。

前　言

　　当今世界正处于不断发展、变革和调整的时期，各国经济竞争日趋激烈，而人才竞争在经济竞争中处于首要地位。我国正处于改革发展的关键时期，要想在这场竞争中取得成功，必须建立良好的人才竞争机制，大力发展教育。基础教育是提高国民素质和培养创新型人才的奠基工程。我国历来高度重视基础教育。同时，义务教育作为我国基础教育的核心，是整个教育系统的基础所在，是其中最为重要的部分。基础教育管理工作的优劣直接决定了人才培育质量的高低。因此，新时代，我们必须重视基础教育管理工作的开展，明确基础教育管理的内涵与深层含义，采取多样化的策略做好基础教育管理工作。此外，基础教育质量评价改革也是当前基础教育的热点和难点。正确认识基础教育质量评价改革的意义和价值，精准把握基础教育质量评价改革的趋势，能够为建立基础教育高质量发展评价体系奠定基础，为推动基础教育质量评价的改革辨明未来方向。

　　全书共八章。第一章为绪论，主要阐述了基础教育的内涵、基础教育的培养目标、基础教育质量的形成规律、基础教育质量评价的意义等内容；第二章为我国基础教育管理体制的沿革，主要阐述了全面恢复计划管理体制阶段的基础教育体制改革、改革计划管理体制阶段的基础教育体制改革、深化管理体制改革阶段的基础教育体制改革、科学发展观指导下的基础教育管理体制改革等内容；第三章为基础教育及课堂教学存在的问题，主要阐述了我国基础教育存在的问题与面临的挑战、基础教育课堂教学存在的问题等内容；第四章为基础教育质量管理与教学管理的有效策略，主要阐述了基础教育质量管理的有效策略和基础教育教学管理的有效策略等内容；第五章为新时代基础教育改革发展趋势及问题思考，主要阐述了新时代我国基础教育改革的发展趋势、21世纪国外基础教育改革的发展趋势、对新时代基础教育改革若干问题的思考等内容；第六章为新时代基础教育质量评价的实施策略与改革要求，主要阐述了基础教育学校层面质量评价、基础教育教师教育质量评价、基础教育学生评价、基础教育评价的改革要求等内容；

第七章为新时代基础教育质量综合评价体系构建，主要阐述了基础教育质量综合评价的价值取向、基础教育质量综合评价的指标体系、基础教育质量综合评价的基本方法、基础教育质量综合评价的机制保障等内容；第八章为新时代基础教育管理体制和质量评价改革路径，主要阐述了治理理论层面——改革管理体制、政策层面——改善管理层面决策、政府层面——优化层级管理、学校层面——优化评价机制等内容。

为了确保内容的丰富性和多样性，笔者在写作过程中参考了大量理论与研究文献，在此向涉及的专家学者表示衷心的感谢。

限于笔者水平，加之时间仓促，本书难免存在一些不足之处，在此，恳请同行专家和读者朋友批评指正！

目 录

第一章 绪 论 … 1
第一节 基础教育的内涵 … 1
第二节 基础教育的培养目标 … 9
第三节 基础教育质量的形成规律 … 20
第四节 基础教育质量评价的意义 … 23

第二章 1978—2012年我国基础教育管理体制的历史沿革 … 28
第一节 全面恢复计划管理体制阶段的基础教育体制改革 … 28
第二节 改革计划管理体制阶段的基础教育体制改革 … 32
第三节 深化管理体制改革阶段的基础教育体制改革 … 35
第四节 本世纪初基础教育管理体制改革 … 38

第三章 基础教育及课堂教学存在的问题 … 42
第一节 我国基础教育存在的问题与面临的挑战 … 42
第二节 基础教育课堂教学存在的问题 … 54

第四章 基础教育质量管理与教学管理的有效策略 … 63
第一节 基础教育质量管理的有效策略 … 63
第二节 基础教育教学管理的有效策略 … 81

第五章 新时代基础教育改革发展趋势及问题思考 … 87
第一节 新时代我国基础教育改革的发展趋势 … 87
第二节 21世纪国外基础教育改革的发展趋势 … 91
第三节 对新时代基础教育改革若干问题的思考 … 101

第六章 新时代基础教育质量评价的实施策略与改革要求 ······ 107

第一节 基础教育学校层面质量评价 ······ 107

第二节 基础教育教师教育质量评价 ······ 114

第三节 基础教育学生评价 ······ 124

第四节 基础教育评价的改革要求 ······ 130

第七章 新时代基础教育质量综合评价体系构建 ······ 139

第一节 基础教育质量综合评价的价值取向 ······ 139

第二节 基础教育质量综合评价的指标体系 ······ 143

第三节 基础教育质量综合评价的基本方法 ······ 148

第四节 基础教育质量综合评价的机制保障 ······ 163

第八章 新时代基础教育管理体制和质量评价改革路径 ······ 167

第一节 治理理论层面——改革管理体制 ······ 167

第二节 政策层面——改善管理层面决策 ······ 172

第三节 政府层面——优化层级管理 ······ 178

第四节 学校层面——优化评价机制 ······ 180

参考文献 ······ 183

第一章 绪 论

教育会影响一个人的一生,而基础教育会对人产生重大影响。但是不可否认,教育领域存在着一些问题,如教师跟学生之间、社会需求与学生兴趣之间存在着一些矛盾。为了解决以上问题,社会、家庭和学校都应该重视基础教育,了解基础教育的本质,通过基础教育唤醒学生的天性和乐趣,帮助学生成长为优秀的社会主义接班人。本章分为基础教育的内涵、基础教育的培养目标、基础教育质量的形成规律、基础教育质量评价的意义四节,主要包括基础教育的概念、定义、本质属性、性质、价值、目的以及我国基础教育的培养目标等内容。

第一节 基础教育的内涵

一、基础教育的概念

关于基础教育,《教育大辞典》对其的表述如下:"基础教育,亦称为'国民基础教育',是对国民实施基本文化知识的教育,是提高公民的基本素质的教育;也是为继续升学或就业培训打好基础的教育;一般指小学教育,有的包括初中教育。"这一概念中所谈的基础教育"一般指小学教育,有的包括初中教育",与人们一般对基础教育的理解略有出入,如此一来,高中教育应当不应当属于基础教育?学前教育呢?除了概念的外延不明确之外,概念的内涵也有值得商榷之处。比如,这个概念中前面一句话给人的感觉是"基础教育的内涵是普通教育",中间一句话给人的感觉是"基础教育是专业教育的基础",后面一句话给人的感觉是"基础教育是一种义务教育"。

原国家教育委员会副主任、总督学柳斌在《关于基础教育的思考》一文中给基础教育做了如下界定:"基础教育是对儿童和青少年实施的一定年限的一般教育或普通教育。"柳斌认为,基础教育是以提高国民素质为目标而进行的不定向的非专门的基础思想品德和基础文化知识的教育；基础教育不是专业教育，它是整个国民教育的基础环节；基础教育不是为某一个行业，而是为所有行业打基础的。柳斌的定义指出了基础教育与普通教育的联系，突出强调了基础教育是为未来生活而不是职业做准备。

1974年，联合国教科文组织和儿童基金会在内罗毕召开会议，讨论东非的基础教育问题。该会议对基础教育的定义如下："基础教育是向每个人提供的并为一切人所共有的最低限度的知识、观点、社会准则和经验。它的目的是使每个人能够发挥自己的潜力、创造性和批判精神，以实现自己的抱负和幸福，并成为一个有益的公民和生产者，对所属的社会发展贡献力量。"

瑞士的查尔斯·赫梅尔博士在其为国际教育局撰写的《今日的教育是为了明日的世界》一书中针对上述定义阐述了自己的理解：第一，基础教育是最低限度的成套教育。第二，基础教育的内容绝不是一套死板的课程，它是灵活的，适应特定文化环境的。第三，基础教育并不只是在学校里获得的。第四，获得教育并不受一定的年龄和地点的限制。查尔斯·赫梅尔博士认为："根据目前的理解，基础教育是以各方面都具有极大的灵活性为特征的。应当把基础教育正确地看作全面的终身教育制度的最初组成部分。"

二、基础教育的定义

《教育大辞典》对基础教育的界定为："基础教育，亦称为'国民基础教育'，是对国民实施基本文化知识的教育，是提高公民的基本素质的教育；也是为继续升学或就业培训打好基础的教育；一般指小学教育，有的包括初中教育。"

《世界全民教育宣言》（1990年）对基础教育的界定为："基础教育本身不仅仅是目的。它是终身学习和以人的发展为中心的基础，各国可以在这基础上系统地建立其他层次和种类的教育和培训。"

从以上两种界定来看，基础教育的核心特征有三个：①它是旨在提高公民基本素质而实施的普通文化教育；②它是每一个公民都应当接受的最低限度的教育；③它的内涵和外延是可变的，而且它是必须根据各个国家、各个地区、各个民族的具体情况来进行的教育。

基础教育主要包括两大领域，一是国家对儿童和青少年实施的一定年限的基本教育，二是国家对成人开展的扫盲教育。

综合考虑，本书对基础教育的界定是：基础教育是国家对儿童和青少年所实施的一定年限的一般教育或基本教育，是一切其他教育的基础。它不同于传授从

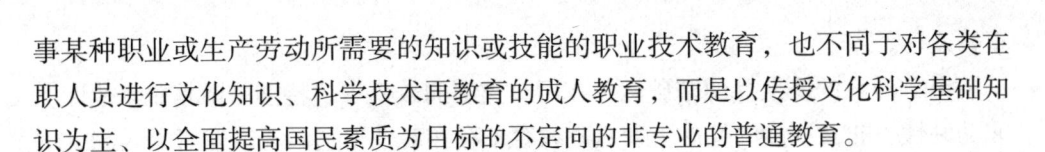

事某种职业或生产劳动所需要的知识或技能的职业技术教育，也不同于对各类在职人员进行文化知识、科学技术再教育的成人教育，而是以传授文化科学基础知识为主、以全面提高国民素质为目标的不定向的非专业的普通教育。

三、基础教育的本质属性

基础教育的本质属性是指：任何教育都具有的最一般、最普遍、最稳定的共同属性；基础教育区别于其他教育（如高等教育、职业教育、成人教育）的特有属性；规定和影响基础教育其他非本质属性存在与发展的根本属性。

我国基础教育的本质属性可以理解为教育性、普及性、民族性、人格性。

（一）教育性

基础教育的教育性是指基础教育的内容必须适合受教育者的年龄特征，具有可传递性和可接受性。

科学文化不但具有强大的物质力量，而且具有强大的精神力量。这种精神力量是通过教育的内容与形式，在教育的过程中表现出来。因此，科学文化应当成为而且已经成为当今基础教育的基本内容。科学文化是科学技术在自身发展过程中形成的精神的与物质的成果。它不仅包含着人类对自然界的适应方式的全部优秀成果，而且包括了人类超越自然的进取方式的探索成果。科学文化的形成与发展是人类文明史的划时代的标志。在自然经济时代，科学文化不发达，人类是被自然选择的对象；今天科学文化取得了不少探索成果，人类具备了更多与自然和谐相处的智慧。

（二）普及性

基础教育的普及性包含着基础教育发展目标的三个质的规定性：一是公平性，人们公平地享有接受基础教育的权利；二是义务性，"实施基础教育"是国家的义务，"受教育"是每个人必须履行的义务；三是基础性，基础教育是起码而必备的教育。

普及民族文化与科学文化的教育，是我国基础教育区别于其他教育的独特的属性。没有"普及性"的要求，就不能称之为基础教育。今天，以义务教育为主体的基础教育在我国的普及化趋势是民族振兴、国家现代化发展的客观需要，是人民大众走向社会主义市场经济与社会主义民主政治的必然产物。随着经济与社会的发展，不仅九年义务教育是法定的普及性教育，学前教育与高中教育也将趋于普及化。

基础教育的普及性使基础教育在所有类型的教育中，特别强调其非排他性、非功利性、非营利性的性质。即基础教育不存在对任何适龄受教育者的限制，不可能出现因一部分人享受教育而使另一部分人不能上学的状况；基础教育着眼于为学生的全面发展、身心和谐发展与个性特长充分发展打好基础；同时，基础教育与交通、卫生、市政建设等一样，属于由政府提供的面向全体公民的公益事业，因此，基础教育基本上不受市场机制调节，是由国家与全民共同承担的事业。

（三）民族性

基础教育具有民族性是指基础教育应该弘扬民族优秀的文化传统，培养乐于为社会主义建设服务的建设者。

中华民族优秀的传统文化，是中华民族五千年文明所创造的宝贵财富，深深影响着全世界炎黄子孙的今天与未来。独具特色的语言文字，浩如烟海的文化典籍，精彩纷呈的文学艺术，充满智慧的哲学宗教，完备深刻的道德伦理，独具匠心的科技工艺，共同构成了中华民族优秀传统文化的基本内容。尤其是中华民族传统文化所蕴含的代代相传的思维方式、价值观念、行为准则，更是中华民族文化的重要内容。民族文化是我们民族传统的精华，是立国的根基，是我们教育下一代、培养社会主义事业的建设者与接班人、振兴中华的精神财富。

中华民族五千年的文明延续发展至今天，仍然保持着博大与精深的统一，成为当今自立于世界民族之林的富有生机的民族文化。基础教育主要是面对一代又一代青少年儿童的，他们既是中华民族优秀传统文化最宏大最生动的载体，又是弘扬民族文化的最广大的主体。中华民族优秀传统文化具有超越地域、时代的凝聚功能，具有激发国人的民族自豪感、维系全民族共同价值追求的精神激励功能，具有以趋善求治的价值追求成就民族文化传统的价值整合功能。这些功能本身融合为中华民族文化特有的"教化"功能，这种教化，是不断向上的人性的自我完善，是对天人合一、至真至善等完满境界的追求，是通过外在的教育、引导而成为受教育者内部精神活动的自我提升。

（四）人格性

基础教育的人格性包含着基础教育培养目标的两个质的规定性：一是个体性，强调基础教育关注每一个学生，使每一个学生都得到发展。没有这种个体性，普及化就会落空，就谈不上对学生个体的成长发展负责，也就更谈不上对全体学生的成长发展负责。二是主体性，基础教育必须让学生通过教育成为具有能动性、自主性，或者说具有社会性的人，为日后成为社会主义现代化建设者打好基础。

育人，首先要使学生"成人"，然后才有可能使之"成才"。基础教育，主要是对学生学会"做人"的教育。如果说"才"的形成是循序渐进、不断积累、不断实践、不断升华的结果，那么这个目标需要通过终身教育与社会实践才能实现。而基础教育阶段是名副其实的打基础阶段，要在"做人"上对一个人进行人格精神的培养，使其成为一个认同社会而又能被社会所认可的人，只能从小进行培养，错过了儿童和青少年时期，就丧失了人格形成的关键时期。世界文明的发展史证实，对于人的一生而言，很多方面都可以通过日后继续教育、终身教育去弥补，但人格的养成主要是从小培养、较早定型的。

四、基础教育的性质

基础教育的本质属性决定了基础教育的性质。基础教育是国民素质的基础教育，是实施国家文化的规范教育，是国家法定的公民基础教育，是其他一切教育的基础。

（一）国民素质的基础教育

人的素质，不仅包括个人与生俱来所具有的生理解剖特点，而且包括个人在后天社会实践中所得到提高与改善的个人特征。

人的素质包含无限的潜能，是可以通过教育与实践不断发展的，同时人的素质也是人的一切活动的主观条件与自身发展的内在根据，因此素质具有内在性，又具有基础性。由于素质一旦形成就成为一个人稳定的内在结构、内在灵魂、内在精神，所以素质具有相对稳定性。一个人从小打好了素质基础，对其一生的发展前途将产生很大的影响。

国民素质，指的是特定国家的公民素质。我国国民素质，就是中华民族素质在当今中国、当今世界的具体体现，它既包括各民族素质及其全部特征，又包括每一个中华人民共和国公民在新世纪所应有的个人素质。因此，在国民素质中，民族素质落实在每个公民的素质中；每个公民的个人素质都在一定程度上体现出民族素质与民族精神的基本特征。基础教育应该使所有青少年儿童在身体心理素质、知识技能素质、思想道德素质等方面打下良好基础。

（二）实施国家文化的规范教育

一个国家的文化，是一个国家立国兴国的"软件"。建设中国特色社会主义，既包括国家经济与社会发展的"硬件"建设，又包括国家文化的民族化与现代化的"软件"建设。

实施国家文化，是多渠道、多方式、全方位进行的。教育只是一种渠道、一种方式。其中，基础教育是规范地实施国家文化的基本阵地。"规范"，一是目标的规范，基础教育目标忠实贯彻了国家的政治目标、道德目标与社会文明目标；二是内容的规范，体现在基础教育的课程、教材、教学计划与教学大纲都经过国家的审订上；三是方法与形式的规范，即学校必须在教育制度内按审订下发的课程设置、教材、教学计划与教学大纲进行教育教学；四是评价的规范，即考试与考核都必须以国家教育目标以及审订的课程设置、教材与教学大纲为标准进行评价。

基础教育作为实施国家文化的规范教育，应该根据我国国情，把国家文化转化为精心设计的教学活动内容，从而对青少年儿童进行规范教育。

（三）国家法定的公民基础教育

公民教育，是对取得本国国籍并根据本国法律享有权利和承担义务的人进行的如何履行公民的权利与义务的教育。每一个国家都把公民教育视为本国基础教育的基本要求，以便使每一个公民从小就养成热爱自己祖国的感情，培育起对自己祖国的认同感、归属感、责任感，并逐步发展根据法律享受权利与承担义务的意识和能力。公民教育涉及社会生活与社会生产的每一个方面，在学校实施的这种公民基础教育不是随机的、任意的，而是根据法律法规，由政府授权学校实施的，因而属于国家法定的公民教育。

基础教育是国家法定的公民基础教育。每一个中国公民原则上都应该在义务教育法规定的年限内接受关于公民的权利与义务的教育，以及与之相关的对国家利益与公民利益都必不可少的认知情感、价值观、行为规范的教育。

五、基础教育的价值

（一）教育是一种价值活动

1. 中国古代典籍中对"教育"的一些论述

"教也者，长善而救其失也。"（《礼记·学记》）

"天命之谓性，率性之谓道，修道之谓教。"（《中庸》）

"以善先人者谓之教，以善和人者谓之顺；以不善先人者谓之谄，以不善和

人者谓之谀。"（《荀子·修身》）

2. 西方思想家对教育的一些论述

古希腊教育家、哲学家苏格拉底认为"美德即知识"。一切美德都离不开知识，知识是美德的基础，知识贯穿于一切美德之中；美德不是孤立存在的一些观念和准则，任何美德必须具备相应的知识，无知的人不会真正有美德。

德国教育家、哲学家赫尔巴特认为"道德普遍地被认为是人类的最高目的"，"一切教育的最终目的在于形成道德"。他提出了一个非常有价值的教育性教学思想主张，认为教育（道德教育）是目的，而教学是手段。他指出："我想不到有任何'无教学的教育'，正如在相反方面，我不承认有任何'无教育的教学'。"教育性教学是赫尔巴特对教育理论的杰出贡献。他从揭示智育和体育的关系入手，明确指出教学是实现教育的重要手段，教学的根本目的是培养儿童的善性或德性。

德国哲学家康德认为，教育应以发展儿童的向善倾向，使之成为道德的存在为目的。

（二）基础教育的价值

1. 从素质教育的理念看

基础教育价值的独特性，在于提高人的素质，促进人的全面发展。

《中华人民共和国义务教育法》（以下简称《义务教育法》）规定，义务教育必须贯彻国家的教育方针，努力提高教育质量，使儿童、少年在品德、智力、体质等方面全面发展，为提高全民族的素质，培养有理想、有道德、有文化、有纪律的社会主义建设人才奠定基础。《中国教育改革和发展纲要》中提出，基础教育是提高民族素质的工程。原国家教育委员会副主任、总督学柳斌提出："素质教育是与应试教育相对的，它是以全面提高公民思想品德、科学文化和身体、心理、劳动、技能素质，培养能力，发展个性为目的的基础教育，相对于'应试教育'来讲，素质教育是符合教育规律的更高层次、更高水平、更高质量的教育"，"搞素质教育，要德、智、体、美全面发展"。这些表明，对基础教育提高民族素质中的"素质"的理解，是指德、智、体、美等方面的全面发展。

基础教育的独特价值表现在两个方面：①基础教育的基本目标是提高中华民族的素质，它的对象和着眼点是全体人民，而不是一部分人，更不是少数人。②基础教育的功能是为提高全民族的素质奠定基础，它强调的是基本素质的培养，而不是专业人才和某些专门人才的培养。

全面实施素质教育是基础教育改革和发展的根本任务。实施素质教育就是要全面贯彻党的教育方针,以提高国民素质为宗旨,以培养学生的创新精神和实践能力为重点,造就"有理想、有道德、有文化、有纪律"的德、智、体、美等方面全面发展的社会主义事业的建设者和接班人。基础教育作为整个教育大厦的基础,必须全面实施素质教育,为学生全面发展和终身发展奠定基础。这是基础教育价值的最为根本的体现。邓小平同志曾经指出:"一个十亿人口的大国,教育搞上去了,人才资源的巨大优势是任何国家也比不了的。"对于一个国家来说,资金和技术是可以引进的,而国民素质是无法引进的。

因此,必须把基础教育放在重要的战略地位,大力加强基础教育工作,把我国劳动者整体素质提高到适应社会主义现代化建设要求的水平上来,提高到适应未来激烈国际竞争的水平上来。切实重视基础教育,把它作为国家的基础设施建设的重点领域,加快基础教育的改革和发展,不仅是教育工作的当务之急,而且是推进我国现代化建设的一项紧迫而艰巨的任务。

2. 从脑科学的角度看

基础教育的价值,在于开发人的潜能,促进人的成长发展。

基础教育的重要性在于,在基础教育阶段中,受教育者处于生理、心理高速发展时期和关键时期,处于人生中最少保守思想的时期。许多潜能若得不到诱导和激发,过了关键时期就很难转化为人的能力了,这是众所周知的。在这宝贵时期中,激发学生的潜能,引导学生形成丰富多彩的个体,推动社会的进步,是基础教育育人本质功能之所在。

传统观念认为,神经系统及其感官的生理解剖特征是与生俱来的,脑的发展与成熟不受外界环境的制约,只要提供保证脑生长发育的营养,大脑就会按照遗传的指令自然而然地发展起来,并形成个体的特征和学习的能力。然而,随着神经科学的研究进展,人们的看法产生了变化。神经元是大脑的基本单位,大脑首先要建立起神经联系的基本框架,而神经元活动在决定神经回路的精细排列方面,起着很重要的作用。因为神经元活动是在外部世界的影响下诱发的,所以,活动能够修饰回路,经验能够影响在细胞与细胞之间传递信息的连接点——突触的联系数量和类型,最终影响动物的认知、情绪和行为。

从脑科学角度看,教育所起的主要作用就是创设丰富多彩、动态发展、对儿童、青少年构成智力挑战的环境,开发其潜能,促进其成长发展。脑科学研究表明,在儿童、青少年成长过程中存在一系列的关键发展期或敏感阶段,又称为学习关键期。所谓关键期,也称为敏感期,它是指个体发展过程中环境影响起最大作用的时期。在学习关键期内，儿童、青少年能够学得好，或者发展特殊的能力。过了学习关键期，相关的学习就会变得非常困难，甚至不可能进行相关的学习。脑神经可塑性在人的一生中有不同的敏感时期，其中最敏感的时期被称为关键期。在这期间，神经中枢被外部环境因素塑造的幅度很大。

科学研究表明，人脑的可塑性在外部环境的作用下大致在 15～17 岁才达到顶峰。这说明，人脑在出生后有着动物无法比拟的发展潜能，也就是说，人脑在出生后发育时期有着巨大的可塑性。而且，这个时间段刚好属于基础教育的范围，所以，开发人脑的潜能、促进人的成长发展，既是基础教育的任务，又是基础教育的价值所在。

第二节 基础教育的培养目标

一、基础教育的目的

（一）历史上关于教育目的的一些主张

1. 杜威的观点

美国教育家杜威认为，"目的"这个词的本源，出自投掷或穿刺的活动情景，一般操作者瞄准时，必须针对要投掷或穿刺的目标集中注意力，所以"目的"这个词应当隐含对某种活动的全神贯注。因此，当我们用它来表示某种外在目的的时候，就会显得突兀，在这种情况下，倒是可以用"目标"或者"动机"来描述。

在杜威看来，所谓目的，"就是我们在特定的环境下有所行动，能够预见不同行动所产生的不同结果，并利用预料的事情指导观察和实验"，因此，"一个真正的目的和从外面强加给活动过程的目的，没有一点不是相反的"，后者是"固定的，呆板的"，"不能在特定情境下激发智慧，不过是从外面发出的做这样那样事情的命令"，"不能启发一个更自由、更平衡的活动，反而阻碍活动的进行"。杜威认为，"从外面强加给教育活动过程的目的"不是真正的教育目的，"为遥远的将来做准备"也不是教育目的，在他看来，正是"由于这些从外面强加的教育目的的流行，才强调为遥远的将来做准备的教育观点，使教师和学生的工作都变成机械的、奴隶的工作"。

杜威提出了一切良好教育目的所应具备的三个特征。

①良好教育目的必须依据于受教育者的特定的个人的固有活动和需要，包括原始的本能和获得的习惯。杜威认为，人们有一种倾向，就是提出千篇一律的目的，忽视个人的特殊能力和要求，忘记一切知识都是个人在特定时间和特定地点获得的。"教育预备说"就是如此。在他看来，这是不对的。

②良好教育目的必须能够转化为与受教育者的活动进行合作的方法。教育目的要有助于制定具体活动的程序，而这些程序又能够检验、校正和发挥这个目的。

③教育目的不应是一种一般的和终极的目的。"一般"意味着抽象，这种抽象又意味着遥远而不切合实际，抽象的教育目的会使人把教学活动仅仅作为准备达到和它无关的目的的一种手段。

2. 彼特斯教育的三大规准

考察英国教育家彼特斯的教育目的主张，必然要与他对"教育"的看法联系在一起。关于什么是教育，彼特斯认为，教育是活泼的，但它必须包含知识、认识和理解能力，以及认知识见的能力；教育至少要排除某些传递的程序，因为这些程序缺乏学习者的有意性及自愿性；教育是将有价值之事物，传递给那些即将受教育的人。

首先，"认识和理解能力"，是指教育不仅是学习技能，而且必须了解某种知识体系及概念架构。不但如此，它必须使人注意事物的方式具有特色，并使人去理解及关心所有思考及意识的形式。至于"认知识见"则是指要求人对知识有整体的理解与远见，而不局限于某一个方面。

其次，"自愿性"包括三项含义：尊重学习者，教育不是灌输，学习者至少应知道自己在学习；学习者应出于自愿，他能反抗甚至于拒绝被强制要求的学习；他必须关心所学内容并对所学内容感兴趣。从心理学角度看，教育必须考虑学习者的兴趣和需要。

最后，"有价值"的内涵，与"想要"并不同。某人通常"想要"某物，并持续地"想要"它，这并不足以证明它的价值。因为关键不在想要这一事实，关键在于所想要事物的特质。彼特斯判断一项活动是否有价值，乃是基于这项活动的"内在性"，在他看来，基于"内在性"的活动才是有价值的活动。其中，彼特斯尤其重视教育活动中是否有道德的价值。

（二）基础教育的目的：特殊和一般的统一

教育目的既是特殊的，又是一般的。教育目的受到历史、传统与习俗、社会政治、经济和环境的影响。在这些因素影响下目的一定是在特殊环境中产生的，但这些目的也同样一定具有普遍性。

基础教育的情况也是如此，基础教育的目的也是一般和特殊的统一。当今世界的基础教育，受目前社会对国民素质要求的影响，受人的全面发展要求的影响，早已不是古希腊意义上的以培养自由人并为他们提供休闲知识为目的，而具有相当明显的等级性的"博雅教育"。今天的人们在考虑基础教育目的时，追求知识的内在价值，最终提升基础教育的内在品质，肯定是考虑基础教育问题的一个纬度。除此之外，政治意识形态对基础教育的影响，学生的道德品质、社会责任感，学生今后的个人利益都是基础教育目的中应当考虑的范围。英国哲学家罗素认为："几乎一切教育都有一个政治动机：它的目的在于加强或是国家的或是宗教的，甚至于是社会的某些集团来和其他的集团作竞争。大体说来，就是这个动机决定了所教的科目，某些知识应该提供，某些知识应该抑制，也决定了什么样的思想习惯是学生所应该养成的。"罗素的这一段话说明了政治对教育的极大影响。《中国大百科全书·教育卷》认为，教育目的是"把受教育者培养成为一定社会需要的人的总要求"，"教育目的是根据一定社会的政治、经济、生产、文化、科学技术发展的要求和受教育者身心发展的状况确定的"。以上引言说明了教育目的的影响范围之大，以及确立教育目的的重要性。

我国基础教育的目的——造就"有理想、有道德、有文化、有纪律"的德、智、体、美等方面全面发展的社会主义事业的建设者和接班人，有着相当深厚的现实基础和理论基础。它既考虑了受教育者基本素质发展的要求，又反映了政治经济发展对人的要求，是一般目的和特殊目的的统一。

二、基础教育培养目标相关研究

（一）关于培养目标基本理论问题的研究

培养目标的基本理论研究主要涉及探究培养目标的定义、培养目标与教育方针和教育目的的关系。目前的理论普遍认为，教育方针是对教育活动的总体规定，教育目的是根据教育方针来制定的，而培养目标是教育目的的具体化。蔡勇强认为，培养目标是对教育所培养的人的一种理想或期望，是包含人的社会角色性质和质量规格两方面的培养要求。

学者们在谈到我国基础教育培养目标的制定依据方面，具有一定的共识，认为我国基础教育培养目标确立的依据应考虑的因素包括：时代变化发展和生产关系及政治经济制度的要求、历史与文化传承的要求、教育目的、教育阶段的性质和任务、教育对象的发展特点、教育理论的发展等。

（二）关于人才、公民等培养目标的研究

在培养公民的问题上，金生鈜基于对"公民"身份定位和角色的分析，认为"劳动者"暗含有个人隶属于国家与社会的工具性意味，而"公民"是有独立的公民意识和公民能力的人，所以教育应该培养公民，这样能发挥教育在个人和社会改善的积极作用。也有研究提出了经济全球化背景下教育培养目标是世界公民。

在培养人才的问题上，彭泽平从教育目的、基础教育培养对象的身心发展、基础教育的性质和根本任务三个方面出发，认为基础教育不能以"人才"作为培养目标，以"人才"为目标违背了我国的教育目的、学生身心发展特征和基础教育的性质与宗旨；培养目标应该是使每一个人"成人"、学会做人。他认为，培养受教育者"成人"，这是教育最基本的一项功能，是基础教育本质的必然体现和要求，是当前社会主义民主建设的应有之义。

于忠海认为，"全人"教育是使每个学生发展成为一种既定模型，成为服务社会的工具，这是违背了人性的教育，是一种终结者的教育。教育应该培养的是普通人的教育，这是符合普通人的有限性、生成性和共生性的。

（三）关于培养目标定位的研究

在基础教育培养目标定位的问题上，学者们的研究主要集中在两个方面：一个方面是培养目标的多元整合，另一个方面是针对农村教育培养目标离农与向农的争论。

关于第一个方面，学者们基于不同的角度提出了培养目标的整合论。邓睿和王健从教育历史学的角度出发，认为在社会转型时期我国高中教育培养目标应多元化。阮成武基于基础教育的公民培养、升学和就业三个任务，提出培养目标整合论。他认为，我国基础教育在培养目标上应当"守一而望多"，"守一"即把普及九年义务教育作为基础教育的重中之重，"望多"即根据不同类地区经济社会发展的水平和要求确立基础教育多元化、综合化的培养目标。阮成武进而提出，要实现培养目标的多元整合，需要造就整合的基础教育，实现基础教育独立价值与服务价值的统整。

（四）关于普通高中教育培养目标存在问题的研究

在对培养目标存在问题的探讨方面，学者们的研究主要涉及培养目标文本方

面存在的问题以及实践方面存在的问题。在培养目标的设定方面,有研究认为,培养目标偏向"工具性",忽视了"本体性"的价值取向,在对普通高中教育培养目标的文本批判分析中,认为普通高中培养目标出现的问题主要有知识学习的弱化、对道德发展的忽视、对心理健康的不重视、轻视职业技能、体育美育目标的不健全、对创新能力和信息素养不重视、忽视思维方法等,基本涵盖了培养目标提到的各个方面,并进而深入分析了导致问题出现的原因。也有研究认为,普通高中培养目标在知识、心理、职业技能和信息素养等方面存在不足,提出了普通高中在信息文化的推动下普通高中培养目标的重建研究。

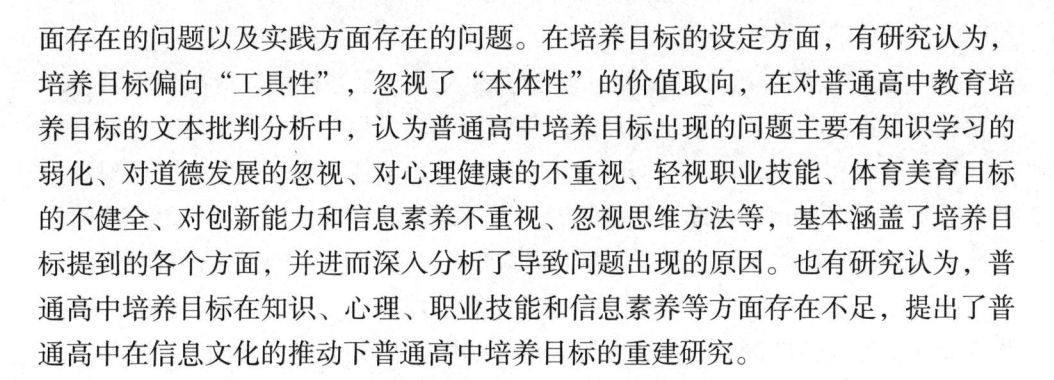

(五)关于培养目标的调整或改革问题的研究

在基础教育培养目标的改革或调整方面,相关研究主要是从借鉴外国的经验和对我国培养目标的分析两种角度进行分析研究的。

有研究通过对多国教育目标如日本(注重个性化、国际化、信息化)、德国(基础+升学预备+个别化原则)、美国(注重个人化)、法国(普通+职业教育结合)等国家的教育改革目标要求的比较分析,提出我国普通高中培养目标要注重个性与全面发展的关系,尤其注重学生创造精神的培养等建议。

也有研究分析了许多国家和地区在新的教育改革中对高中培养目标的重新定位或调整。综合来看,培养目标普遍倾向于培养学生的责任感,促进学生个性发展,使学生掌握适应时代的知识和能力,具有创造力、批判性思维、交流与合作精神,具有人文素养、信息素养和经济素养,具有国际视野。

三、我国基础教育的培养目标

(一)我国基础教育发展历程简述

在我国古代,教育内容既有培养顺服于统治阶级的民众的部分,又有培养正知正见思想的部分。例如,春秋时期就有了"六艺"的目标,即礼、乐、射、御、书、数这六门课程。"礼""乐"是"六艺"教育的主干;"礼"是进行道德伦理教育的;"乐"是艺术的总称,包括音乐、舞蹈、诗歌等多项表演艺术。"礼""乐"互为表里,不可分割。又如,《礼记·大学》中提出的教育三纲领"在明明德,在亲民,在止于至善",其目的是培养"建国君民"的人才。

到了封建社会晚期,科举制僵化,清政府腐败,无论是官学、书院、经馆,都教"四书五经",乡间私塾则以《三字经》《百家姓》《千字文》或"四书五经"为教学内容。

鸦片战争以后，西方传教士与教会学校入侵，西方科学教育得以传播。20世纪初期，在废八股、兴学堂之后，严复的科学教育思想更是强调建立以科学教育为核心的课程体系，顺应了当时富国强兵的思想潮流。甲午战争后，面对深重的民族危机，维新运动推动了基础教育的课程改革，在大量引入科学教育之时，传统人文教育也占有了一定位置。在上海南洋公学附属小学1901年的课程表中，一年级开设读经（孝经）、修身、国文、笔算、珠算、历史、地理、理科（自然物现象）、习字、图画、体操、乐歌；三年级时，读经升格为读四书，珠算改为商业簿记，理科则为简单理化，习字由大楷发展至大楷与小楷行书，还增设了手工与英文。

1904年"癸卯学制"规定的中学堂课程中既有地理、算学（代数、几何、三角）、博物（植物、动物）、物理与化学，又有修身、读经讲经、中国文学、外国语、历史、法制及理财、图画、体操。这套课程设置反映的是清末教育忠君、尊孔、尚公、尚武、尚实的宗旨。

1912年中华民国建立，蔡元培任教育总长，主持颁布实行的新教育宗旨规定为"注重道德教育，以实利教育、军国民教育辅之，更以美感教育完成其道德"。《中学校令》明确规定中学校"以完足普通教育，造成健全国民为宗旨"。在"课程标准"中，规定"修身"的新的要求是："修身要旨在养成道德上之思想情操，并勉以躬行实践，完具国民之品格。修身宜授以道德要领，渐及对国家社会家族之责任，兼授伦理学大要，尤宜注意本国道德之特色。"

值得重视的是，1922年制定的新学制课程标准纲要中，初中课程必修课目分六类：社会科（公民、历史、地理），言文科（国语、外国语），算学科，自然科，艺术科（图画、手工、音乐），体育科（生理卫生、体育）；另设选修课目（职业科目）。高中课程的公共必修课中，无论是文科班还是理科班，都规定须开设国语、外国语、人生哲学、社会问题、文化史、科学概论与体育（卫生法、健身法、其他运动）等科目。

新中国成立后，我国一贯重视政治、思想、品德教育，重视教育与工农业生产相联系，与社会实践相联系。1957年，毛泽东同志提出："我们的教育方针，应该使受教育者在德育、智育、体育几方面都得到发展，成为有社会主义觉悟的有文化的劳动者。"这一"三育两有"的教育方针长期影响着我国的基础教育。

改革开放以后，1985年中共中央颁布的《关于教育体制改革的决定》和1993年中共中央、国务院颁布的《中国教育改革和发展纲要》都提出"多出人才，出好人才"的培养目标。而人才应该是有理想、有道德、有文化、有纪律，德、智、体等方面全面发展的社会主义事业的建设者与接班人。在小学、初中阶段的人才培养目标中强调对学生进行"五爱"教育和辩证唯物主义、历史唯物主义基本观点的教育；在高中阶段增加热爱中国共产党的教育，强调正确的政治方向和世界观、人生观、价值观的教育。

1992年，《九年义务教育全日制小学、初级中学课程计划（试行）》印发，规定小学阶段的培养目标：初步具有爱祖国、爱人民、爱劳动、爱科学、爱社会主义的思想感情，初步养成关心他人、关心集体、认真负责、诚实、勤俭、勇敢、正直、合群、活泼向上等良好品德和个性品质，养成讲文明、讲礼貌、守纪律的行为习惯，初步具有自我管理以及分辨是非的能力。具有阅读、书写、表达、计算的基本知识和基本技能，了解一些生活、自然和社会常识，初步具有基本的观察、思维、动手操作和自学的能力，养成良好的学习习惯。初步养成锻炼身体和讲究卫生的习惯，具有健康的身体。具有较广泛的兴趣和健康的爱美情趣。初步学会生活自理，会使用简单的劳动工具，养成爱劳动的习惯。课程计划规定的初中阶段的培养目标：具有爱祖国、爱人民、爱劳动、爱科学、爱社会主义的思想感情，初步了解辩证唯物主义、历史唯物主义的基本观点，初步具有为人民服务和集体主义的思想，具有守信、勤奋、自立、合作、乐观、进取等良好的品德和个性品质，遵纪守法，养成文明礼貌的行为习惯，具有分辨是非和自我教育的能力。掌握必要的文化科学技术知识和基本技能，具有一定的自学能力、动手操作能力，以及运用所学知识分析和解决问题的能力，初步具有实事求是的科学态度，掌握一些简单的科学方法。初步掌握锻炼身体的基础知识和正确方法，养成讲究卫生的习惯，具有健康的体魄。具有初步的审美能力，形成健康的志趣和爱好。学会生活自理和参加力所能及的家务劳动，初步掌握一些生产劳动的基础知识和基本技能，了解一些择业的常识，具有正确的劳动态度和良好的劳动习惯。

根据国家教委1996年印发的《全日制普通高级中学课程计划（试验）》，高中阶段的培养目标为：普通高中要进一步提高学生的思想道德、文化科学、劳动技能和身体心理素质，发展学生的个性和特长，有侧重地对学生实施升学预备教育或就业预备教育，为高等学校输送合格的新生，为社会各行各业输送素质较高的劳动后备力量，为培养社会主义现代化建设所需要的各类人才奠定基础。培养学生热爱祖国、热爱人民、热爱中国共产党、热爱社会主义的思想感情，使学生具有正确的政治方向，初步树立正确的世界观、人生观和价值观，具有社会责任感和事业心，树立为人民服务的思想，具有为祖国社会主义现代化建设甘于奉献的精神，具有良好的思想品德和文明礼貌行为，具有分辨是非和自立自律的能力。培养学生掌握现代社会需要的普通文化科学基础知识和基本技能，具有自觉的学习态度和自学的能力，掌握基本的学习方法，具有创新的精神和分析问题、解决问题的基本能力。培养学生自觉锻炼身体的习惯，使他们具有健康的体魄和身心保健的能力，具有健康的审美观念和一定的审美能力，具有良好的意志品质和一定的应变能力。培养学生树立正确的劳动观点，具有基本的技术意识和初步的择业能力，具有一定的劳动技能和现代生活技能。

2001年6月，教育部印发《基础教育课程改革纲要（试行）》。文件提出，基础教育培养目标是：要使学生具有爱国主义、集体主义精神，热爱社会主义，继承和发扬中华民族的优秀传统和革命传统；具有社会主义民主法治意识，遵守国家法律和社会公德；逐步形成正确的世界观、人生观、价值观，具有社会责任感，努力为人民服务；具有初步的创新精神、实践能力、科学和人文素养以及环境意识；具有适应终身学习的基础知识、基本技能和方法；具有健壮的体魄和良好的心理素质，养成健康的审美情趣和生活方式，成为有理想、有道德、有文化、有纪律的一代新人。这个培养目标表达了我国基础教育改革的价值取向和最终目的。

（二）贯彻落实培养目标的注意事项

为了贯彻落实培养目标，在基础教育实施过程中，我们应该注意处理好以下几个关系。

1. 科学教育与人文教育的关系

（1）科学教育与人文教育的发展历程

从广义而言，伴随着人类的产生，人文就开始呈现，人类的活动体现着人文并创造着人文。早在15世纪，自然科学尚未分化、成熟，"人文科学"就有了较准确和专门的定义，人文教育早于科学教育而实现专业化并在大学里占据了主导地位。人文思想在于培养智慧之人、自然之人，人文思想"把人文教育和科学教育融合在一起，甚至不排除神学教育，表现出兼容并包的气度"。人文及以此为基础的人文教育极大解放了人们的思想，为近代科学的兴起做好了直接准备。尽管人文、人文思想以及文艺复兴时期所形成的人文主义思潮在历史发展历程中受到了科学、科学思想乃至科学主义的冲击，但人文教育始终向前发展。

从古希腊先哲关于世界本源的思考（原子说、理念说等）到近代经验论与唯理论的抗衡，再到实证主义以及后来的存在主义、人本主义、后现代主义等，在整个过程中，人文教育都贯穿始终，只是在不同的历史时期受到的关注度和发挥的影响力不同而已。

现代意义上的科学产生于西方，从科学发展史的角度来说，文艺复兴使科学得以大放光彩。随着工业革命的到来，科学教育在推动生产力发展方面所发挥的作用使人们为之惊叹，随之而来的几次工业革命充分体现和证明了科学教育的巨大潜力。因此，人们开始崇拜科学，最终形成声势浩大的科学教育运动，影响社会各个领域。

至19世纪后半叶，对科学的崇拜已发展成为对科学极端迷信的泛科学主义，科学以其不可阻挡的功利效应为工具理性的泛滥提供了依据，从而导致对价值理性的淹没。因此，一大批学者极力呼吁关注人、关注人的精神世界。如胡塞尔在《欧洲科学的危机和超验现象学》中主张回归生活世界，关注人的日常生活实践和个体事件，找寻人的意义；海德格尔在《存在与时间》中关注人的存在、生命的意义、精神世界等。一直到后现代主义思潮等都要求反基础主义、反本质主义、去中心化，关注人，关注主体的意义。

（2）科学教育与人文教育的审思

从科学教育与人文教育的发展过程中，我们可以看出二者各有其独特的发展历程和发展背景，基于此形成了各自的品性特征。因而，对科学教育与人文教育的解读不能混为一谈，而应当区别对待，方可真正把握科学教育与人文教育的实质。

通过对二者的发展历程和具备特征的分析可以得出，简单地对科学教育与人文教育进行人为整合是没有合理依据的,因为二者的存在和发展机制是不一样的。并且，人们也无法对科学教育与人文教育进行简单整合，只能通过人们的主观能动作用，才能实现科学教育与人文教育的和谐发展。当去除人为因素作用，回归科学教育与人文教育的本质时，科学教育与人文教育是相通的，科学知识与人文知识都是主体对对象物认识或作用的结果，都蕴含着人的理性与情感，都是人的主体性的体现。著名学者萨顿认为："自然的研究必然是由人研究的。尽管这种研究是客观的，并且科学家们试图使它尽可能地客观，但是它仍然是以人类的经验和观察来解释一切的。……科学不过是自然界以人为镜的反映。……无论我们是研究人的历史还是研究自然的历史，我们研究的主要目的都是为了人。"

基于人的发展来考虑，科学教育与人文教育最终都是指向于人并实现人的发展，正如有学者所认为的那样，"人文文化是'为人之本'，科学文化是'立世之基'……人文为科学导向，科学为人文奠基；善为真导向，真为善奠基"。也就是说，通过科学教育与人文教育的有机共同作用，使人成为具有真善美品性的人。由此可见，科学教育与人文教育的终极目标是为实现完满的人、幸福的人服务的。因此，就科学教育与人文教育的本质，以及科学教育与人文教育的终极目标而言，科学教育与人文教育是相通的，故而不存在整合之说。

在科学与人文的发展过程中，科学走向科学主义并发生了科学泛滥，从而危及人类的生存，人们精神之源走向干涸，丰富多彩的生活走向无聊单调，这并非科学本性使然，而是人，是人自己为自己设计的陷阱。从工业革命的发展中可以看到，正是人对无限欲望的穷极，对无限利益的追逐，而导致滥用科学、滥用科技，使科学成为实现自己欲望的工具，与此同时，自己也不由自主地成了科学的附庸和奴隶。工具理性的高扬，希求欲望的实现使价值理性不断式微，由此激发人文学者的觉醒，高呼人的存在和价值，于是上演科学教育与人文教育之争。因此，需要整合的是人，是人的欲望和贪婪，而非科学教育与人文教育本身。

2. 德、智、体、美各育之间的关系

我国中小学的培养目标具有全面性的特点，无论是小学、初中还是高中阶段，均规定了学生在德、智、体、美等方面应达到的最基本的要求，旨在促进学生全面发展。

在基础教育实施过程中，德育要完成培养人的价值观、人生观、道德品质等任务。德育显然非常重要。但是，德育又要讲求针对性和实效性，要采取寓教于乐、潜移默化等方式进行，要和学生的兴趣爱好活动结合起来进行，也要和其他各育有机结合进行。在实践中，不可将德、智、体、美各育与课程、活动简单对号，要把学校中的任何活动都视为完成各育的途径，综合设计。

近几年在我国兴起的素质教育、生态教育、健康教育、创新教育等，对基础教育来说，是从另外的角度实施德、智、体、美协调发展的教育。

生态教育是把人放到大自然的背景上，思考人与自然的关系，从生态的视角看人生价值。生态教育的目的是使学生养成生态意识，为生态平衡发展作贡献。以人类为中心的发展主义认为，发展程度的主要标准是人类社会的指标，如人均 GNP 的增长率等；发展的根本途径是通过工业增长、生产过程的空间密度和物质消费的最大化、城市规模的急剧扩展来消除传统产业和现代产业的对立，城市与农村的对立，以及贫穷与富裕的对立。这无疑是把人类的利益凌驾于整个自然之上，以牺牲生态环境为代价来换取经济增长，这会导致毁坏人类赖以生存的自然基础。而生态发展是人类社会符合生态规律的发展，是在人与自然相互和谐的方式上健全而持久的发展。生态发展观把包括人在内的整个世界看成高度相分又高度相关的有机统一体。它肯定了人内在于自然，人既是自然之子，又是自然之友，人与自然有共同的利益与命运，人应当在尊重和保护自然的前提下谋求利益及幸福。

健康教育是广义的生存教育。健康既包括身体健康，又包括心理健康。体育运动、心理保健、卫生防疫、有碍身心的不良行为的矫治、康复教育等，都是从身心健康出发进行的生存教育，是对学生进行的"爱惜生命"的人生教育的一部分。健康教育要为学生具有"学会生存""学会关心"的能力打基础，如果说"学会生存"教育着眼于把握人生的意义，选择人生的目的，挖掘自身的潜力，根据自身的特点"重塑一个我"的话，那么"学会关心"教育则是着眼于他人，着眼于自然界，启迪与开发学生的良心，唤起主体性创造意识，为人类可持续发展作贡献。

3. 基础教育总体培养目标与各教育阶段具体目标的关系

各阶段目标具有明显的独立性，层次清楚又相互衔接，层层递进。如小学阶段对"五爱"教育的要求是"初步具有"，初中阶段则明确要求"具有"，而高中阶段不但要求进行"五爱"教育，同时提高到要求学生"具有正确的政治方向"的高度。在世界观的培养方面，对初中阶段提出"初步了解辩证唯物主义、历史唯物主义的基本观点"，而对高中阶段则进一步要求"树立正确的世界观、人生观和价值观"。在对他人、集体的问题上，小学阶段要求"关心他人，关心集体"，初中阶段要求"初步具有为人民服务和集体主义思想"，高中阶段则直接要求"树立为人民服务的思想"，并要求学生"具有社会责任感"和"为祖国社会主义现代化建设甘于奉献的精神"。在个人与他人的关系上，小学阶段要求"合群"，初中阶段则要求"合作"。在自我教育方面，小学阶段要求"初步具有自我管理的能力"，初中阶段则要求"具有自我教育的能力"，高中阶段进一步要求"具有自立自律的能力"，反映了学生的道德发展由"他律"向"自律"转化的规律，并且要求自我教育的能力水平不断提高。在自学能力的培养上，小学阶段要求"初步具有基本的自学能力"，初中阶段要求"具有一定的自学能力"，高中阶段则直接要求"具有自学能力"。在解决问题的能力方面，小学阶段要求"初步具有基本的观察、思维……的能力"，初中阶段则要求"具有分析和解决问题的能力"，高中阶段不仅限于此，还提出"创新精神"的培养。在个性修养上，小学阶段要求"具有广泛的兴趣和健康的爱美情趣"，初中阶段要求"具有初步的审美能力，形成健康的志趣和爱好"，高中阶段则强调"具有健康的审美观念和一定的审美能力，具有良好的意志品质和一定的应变能力"。在劳动技术教育方面，小学阶段要求"会使用简单的劳动工具",初中阶段则要求"初步掌握一些生产劳动的基础知识和基本技能,了解一些择业常识",高中阶段则进一步要求"具有基本的技术意识和初步的择业能力,具有一定的劳动技能和现代生活技能"。如此等等表述,反映出我国基础教育培养目标在对不同学段学生的要求层次上有一定的质的差异,符合学生的认知由低到高、由浅入深、由感性到理性的不断发展的规律。

4. 共性教育与个性培养的关系

新中国成立初期所制定的教学计划,在培养目标中没有提到过发展学生的个性心理品质的问题。这种情况到1992年才得以改变。当时,国家教委印发的《九年义务教育全日制小学、初级中学课程计划(试行)》的前言中就规定要"促进学生个性的健康发展"。在小学的培养目标中提到,小学生要"初步养成良好品德和个性品质""具有较广泛的兴趣和健康的爱美的情趣"。初中阶段的培养目标也提出要使学生"具有良好的品德和个性品质"。1996年,国家教委又印发了《全日制普通高级中学课程计划(试行)》。在培养目标中提到"发展学生的个性和特长",培养学生"具有良好的意志品质和一定的应变能力"。以上是新中国成立以来我国明确提出的个性心理品质的培养目标,这正是适应世界教育改革趋势的一大进步。我国在此方面仍略显不足,强调不够,并且多侧重于强调自我修养和协调与他人关系方面的品德和个性品质。而发达国家对学生个性发展的要求程度则较高,且多倾向于强调自主、自立、创造性等方面的个性品质的培养。

第三节 基础教育质量的形成规律

一、教育质量形成规律的概念

人类认识自然、社会和人类自身的根本目的,就是探寻那些隐含在扑朔迷离的人类未知领域中的规律性。什么是规律呢?规律就是关系,是事物发展过程中本身所固有的本质的、必然的和稳定的联系。承认规律的存在,并不是否认事物发展本身还有非本质、偶然和不稳定特性的一方面。而且,人类对事物规律的认识是逐步发展的,并非规律不存在,而是人类对规律的认识存在这样或那样的局限性。有时人们把对规律的认识等同规律本身,因此,出现了规律的歧义与变化。事实上,规律总是针对某一类具体的事物而言的,由于事物在发展变化,所以,人们对规律的认识也在不断发展。而所谓教育质量形成规律,就是指教育质

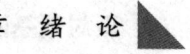

量形成和发展过程中所反映出来的各种要素和过程之间的本质的、必然的和稳定的关系。

正确认识质量职能的含义是认识并理解教育质量形成全过程及其规律性的必要前提。所谓质量职能，是指在教育质量形成全过程中，为实现教育质量目标所必须发挥的质量管理功能及其相应的质量活动。教育组织的质量管理，是通过对教育质量形成全过程中所有质量职能的管理来实现的。教育组织中质量职能的划分对于教育组织质量体系的建立和教育质量管理的实施具有重要的影响。

质量职能和质量职责既有联系，又有区别。质量职能是针对质量形成全过程的需要提出来的质量活动属性与功能，是质量形成客观规律的反映，具有科学性和相对稳定性；而质量职责是为了实现质量职能，对部门、岗位与个人提出的具体质量工作分工，其任务通过责、权、利来落实，因而具有人为规定性。可见，质量职能是制定质量职责的依据，质量职责是落实质量职能的方式或手段。

教育组织的职能机构的设置，常常是与这个教育组织的层次、规模、体制和社会环境等紧密关联着的，故教育质量管理职能和教育组织中的职能机构及其承担的质量职责并不是一一对应的。在许多情况下，教育组织的一项质量职能常常由几个职能部门承担，而同一个职能部门又同时承担着几项质量职能活动。教育质量管理的主要任务，就是要把散布在各个教育质量职能机构中的质量职能通过质量职责有机地联系起来，整合一致，共同努力实现教育组织的预期质量目标。

另外，教育质量职能和教育质量管理的方法、手段不应混淆。在一个教育组织的质量管理中，方法或手段（如质量体系、质量计划、质量信息管理、质量成本、质量审核等）起着计划、组织、协调、控制或改进的作用，其功能是更加有效地实现各项质量职能。

对于教育质量的形成过程而言，直接影响教育质量的质量职能可以有不同的表述，但本质上是基本一致的。根据教育培养人才的全过程，教育组织大致有下列主要的质量职能：教育市场研究、专业设置与培养目标制定、校园基础设施建设、招生、人才教育培养（教育教学及管理）、教育质量评价与监控、学生升学与就业、继续教育服务等。教育质量形成规律，也就是在教育组织提供教育服务的全过程中，由各个环节之间在质量形成方面所担负的不同职能链接而成的、彼此制约的一个质量职能关系网络和相互作用机制。

二、教育质量形成规律的意义

长期以来，教育理论界和实际工作者都相对忽视了教育质量形成规律的研究。以致时至今日，人们对教育质量的形成机理还了解得不系统、不深入。人们谈论教育质量管理，也基本上停留在空泛的理论争辩或个人经验层次的不自觉摸索上。甚至还有人以教育质量测量的困难性来否定科学的教育质量管理和质量控制。尽管这些年来这种状况有些改变，但是从总体上讲，人们还没有对教育质量管理给予应有的、足够的重视。究其原因，一方面是教育工作者的教育质量意识缺乏，另一方面是理论研究不够，对教育质量形成的规律缺乏科学的认识和揭示，没有足以令教育工作者信服的教育质量管理理论、方法可以为其所用。所以，加强教育质量管理研究，揭示教育质量形成的规律，探索行之有效的教育质量控制方法，为教育实践提供理论指导和行动准则，是教育理论和实际工作者面临的共同任务。

三、教育质量形成规律的内容

质量的全过程管理可以概括为三个彼此衔接的管理环节，即质量计划、质量控制和质量改进。这三个环节用来反映产品质量形成的客观规律和指导质量管理全过程的实施，简洁明白，重点突出，据此我们可以把教育质量形成规律的内容表示为以下几点。

（一）教育质量的不断计划

教育质量的不断计划工作，是指为达到教育质量的预定目标而进行的质量反复筹划的过程。这一过程需要编制各种层次和用途的质量文件，如国家的各级各类学校教育质量标准（课程标准与质量标准）、学校教育质量的战略规划、学年教育质量计划、新专业设置和旧专业改造计划、年级与年级之间的质量衔接计划、关于各门课程教学的质量保证计划（包括教师备课、上课、作业批改、见习与实验、辅导、考试评价等各个教学环节的质量标准与保证）、学生品德形成与思想政治教育质量计划，以及学校各管理部门的质量保证计划、教育教学设施的购置与建设维护计划等。此外，教育质量的不断计划工作，还需要做一些实施计划所必需的教育资源配置及保证工作。

（二）教育质量的适时控制

教育质量计划制定之后，一旦付诸实施就必须进行质量控制。适时的质量控

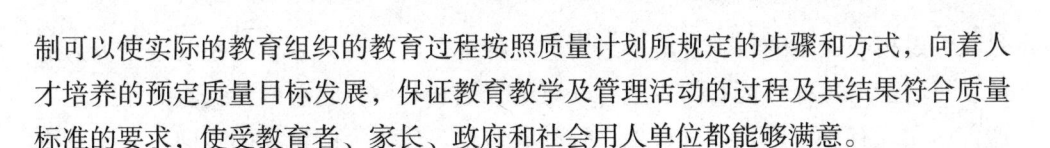

制可以使实际的教育组织的教育过程按照质量计划所规定的步骤和方式，向着人才培养的预定质量目标发展，保证教育教学及管理活动的过程及其结果符合质量标准的要求，使受教育者、家长、政府和社会用人单位都能够满意。

（三）教育质量的持续改进

教育本身是一个充满创造性的人类实践活动，教育活动的创造性不仅由教育者（教师）来体现和保证，而且还受到受教育者（学生）的强烈影响。换言之，教育活动的创造性是通过教师与学生之间、学生与学生之间、学生与外部环境之间的密切互动来实现的。由此可知，教育质量的上升和提高，可以通过质量的持续改善及创新突破来达到。所以，在教育质量管理过程中，我们不能只强调单一的质量控制，更为重要的是，我们要十分重视教育质量的改进活动。如果说，单纯的质量控制充其量只能使教育组织教育教学管理过程及其结果达到预定的质量标准，而通过持续而富有创造性的质量改进，则能够使教育组织的质量管理水平和质量体系素质得到提升，使教育组织的教育质量管理实现突破和飞跃，使教育产品或服务的质量竞争力进一步增强，更好地满足受教育者和社会用人单位的明确和隐含的质量要求。

总之，教育质量的形成是一个涉及教育组织各个方面活动的综合过程。从纵的方面看，它涉及教育组织的质量目标确定、质量控制和质量改进的全过程；从横的方面看，它涉及构成教育组织的所有工作要素和一切活动。从教育质量形成的过程看，它是一个逐步发展、持续改进、螺旋上升和不断提高的过程。在这个过程中，教育领导者和全体师生员工的质量意识强弱，教育质量标准的科学与否，教育教学管理质量责任是否明确、具体而且得到落实，教育质量改进的策略与路线是否得当，是制约教育质量形成的主要因素。

第四节　基础教育质量评价的意义

良好的基础教育能够促进人的个性与全面素质的发展，促进社会文化的发展。而基础教育评价的意义，就在于把握目标方向，推动此目标的实现。

一、促进人的个性与全面素质的发展

在影响人发展的因素中，教育对人的发展起着主导的作用，这是因为：教育

是在经过精心安排的特殊环境中进行的一种有目的、有计划、有系统地培养人的活动；它能对各种环境和因素进行一定的控制和利用；它可以根据青少年儿童的遗传素质，有意识地发挥其长处，弥补其短处，使先天的生物因素向有利于青少年儿童成长的方面发展；教育者又是受过专门教育的人，能够有效地对受教育者进行培养。

因此，进步的或成功的教育改革必然加快人发展的速度，提高人发展的水平，亦即发展人的个性，同时使个体的人在德、智、体、美诸方面获得更快的和谐发展，在层次上获得更大的提高。基础教育改革的中心思想就是要发现人的价值，发掘人的潜能，发展人的个性。

任何人生在世界上都是有价值的，人的价值主要反映在以下两个方面。第一，人既不同于动物，又不同于机器，因此，每一个人都要尊重自己、尊重他人。第二，人是改造自然、推动社会进步的巨大力量。每一个人都具有其应有的尊严，都力求获得其应有的地位，都极欲发挥其应有的作用。但人的价值并不是一下子就能被发现和认识的。而基础教育改革能够帮助受教育者发现他自己活在世界上的意义，让受教育者找到自身的价值，同时通过多方面的教育内容的影响来尽可能多地发掘个体在多个领域中的能力，提高个体的素质。

素质教育的根本目的，就是要让所有学生的素质都得到提高，达到某一教育阶段所提出的素质标准与要求，也就是要让受教育者的各种素质都有所提高。首先，做人是素质教育的起码要求，只有学会了做人的学生才算是养成了一定的素质。其次，成才是素质教育的高阶要求，只有学会了做人的学生才会成才，而只有具备了高素质的人才会成为高层次的人才。

二、促进社会文化的发展

基础教育有选择、整理、传递和保存文化的功能。人类的文化是人类生产与社会生活的产物，同时也是人们进行新的社会生产与社会生活的基础和必要条件。由于人们的社会价值观念、文化修养、生活风俗与规范、审美情趣等文化特质，需要通过传递的方式延续并发展下去，因此，基础教育是传递和保存人类文化的最基本的手段。从这个意义上说，教育是人类历史的一个永恒的范畴。

自从人类走出原始社会，人类文化大大丰富起来。到了现代社会，借助于书刊、胶片和磁带等各类媒介，以及各种各样的实物，人类文化已经积蓄成一个浩瀚无比的宝库。同时，随着现代化设备的发展，文化交往的很多时空界限已经被打破，人们可以通过便捷的交通、发达的互联网络及各种电子设备等，真切地感受到不同社会制度下的各种文化。另外，随着世界性民主运动的兴起和人民物质生活的丰富，各种以年龄、兴趣、职业、阶层和民族为媒介的团体不断涌现，随之也出现了各具特色的亚文化。在这种情况下，各国都面临着这样一些矛盾：从文化运动本身来看，如何处理核心文化与亚文化之间的关系，使亚文化既符合核心文化的主流方向，又给核心文化增添新的富于活力的特质；从人与文化的关系看，如何处理一个人掌握的文化容量有限和人类文化浩瀚无比的关系。这些都使得人们更加重视基础教育在选择、整理、传递和保存文化方面的功能。

基础教育之所以能够担负起上述任务，主要有三方面的原因：①基础教育中确定教育内容的过程，实际就是文化选择的过程。在现代基础教育中，人们会选择最精粹的文化要素去武装年轻一代，而这是解决人脑容量有限与文化浩瀚无比这对矛盾的一个重要方面。②基础教育中的教材编写，实际上是整理人类文化精粹的过程。把知识用儿童、青少年最容易接受和理解的形式分别组织起来，可以大大提高儿童、青少年的学习效益。③儿童和青少年时期是一个人长知识、长身体、形成各种观念和习惯以及确立世界观的重要时期，在此时期，通过基础教育向年轻一代传递什么样的文化体系，对今后社会文化的发展走向至关重要。成功的基础教育应该帮助年轻一代把握住社会文化的主体，使各种亚文化与核心文化保持协调。

在选择传递文化方面，传统教育一般按"阶级—民族"的标准体系，按统治阶级的意志和传统的习俗来取舍。而现代基础教育采用"科学—民族—阶级"的标准体系，其中科学是核心，在确定教学内容和选编教材时，十分注意贯彻科学化原则，民族文化的各种特质只有经过科学尺度的检验后才能入选。

科学是知识体系、认识活动、探究精神的综合体，技术是科学的应用。在教育过程中包含着明显的科学成分，丰富的科学知识，而科学又具有全面的智育、德育、美育价值。基础教育所培养出的人，都应当具备基本的科学素养。在当今社会，科学已成为生产的先导，并且向社会的各个领域渗透。在这种形势下，一方面社会需要大批科学家，另一方面科学数量与门类增加，以致一个人不经过系统长期的正规教育，很难掌握已有的科学知识。而基础教育在这里承担了普及教育的任务。

对基础教育进行评价，进而改革基础教育，可以使人们具有与时代相符的科学信念、科学态度、科学能力、科学方法，使人们以主人翁的姿态创造性地对待社会集体、他人与自己。这不仅会从根本上改变人的素质基础，而且可以在一定程度上改变人与人之间的社会关系，促进社会主义精神文明的发展。总之，只有通过基础教育,科学精神才有可能成为全社会共有的文明基础与民主基础。

文化是人类在改造自然社会和自我过程中所创造的物质财富和精神财富的总和。文化积淀可以形成一定的传统观念,形成特定的民族思维方式,而文化传承必须依靠教育的作用,教育是人类文化发生、发展的一种生命机制。文化是新生一代进行社会生产与社会生活的基础和必要条件,人类文化一个极其重要的特征是它只能被人类通过后天学习或实践的方式获得。教育工作者具有整理文化的能力,他们有渊博的知识,而且懂得人类掌握文化的基本规律,于是经过他们整理的文化,更易被人们所认识和掌握。教育是文化传统与社会现代化的转换机制,基础教育改革充分体现了社会现代化对教育如何实现文化传承的要求,是对这个转换机制本身进行机能性调整的表现。基础教育改革的过程同样是一个传承文化的过程。

现代基础教育有创造、更新文化的功能。上文提及的基础教育传播文化的几种方式——选择、整理、传递、保存,植根于原有文化的基础,但仅仅依靠它们远不能适应世界文化迅速更新发展的需要。与传统教育比较起来,现代基础教育具有更强大的创造和更新文化的功能,主要体现在以下两个方面:①为社会文化的不断更新发展,提供具有创造活力的人才。人类文化是人类社会生活与社会实践的结晶,没有人类就没有人类文化可言;而没有具有创造活力的人才,人类文化也就无法更新和发展。例如,在封建社会中,由于社会经济的主体是满足自给自足的小农经济,其社会文化运动是封闭式的自循环形式,即在一个独立的文化区内,人们年复一年地重复着某一持久的文化模式,忠实于古老的文化传统,加之,这一时期独立文化的问题总是有限的,因此,文化发展对人的创造力的要求并不迫切。所以,传统教育崇尚呆读死记的方式,流行古人遗教,藐视新意,扼杀人的创造性。而现代,特别是 20 世纪 50 年代以来,科学技术飞速发展,各国、各民族间的文化交流日益增加,世界范围内的科学、技术、文学、艺术、体育等方面的竞争也在激烈进行,各国学者纷纷研究本民族的道德、民俗、思想方式、价值观念体系的优劣之处,促使其不断更新,向科学的方向发展,文化发展的总趋势呈开放性、竞争式。显然,在这种情况下,一个民族的文化要想发展,就必须有一大批具有创造才干的人去发明、去创造,使本民族的科学、技术、文学、艺术、体育及整个社会思想意识体系,走在世界文化发展的前列。②现代社会面临着许多难以解决的问题,如战争威胁、环境污染、粮食匮乏、能源危机、人口爆炸等,人们必须寻找一种有效办法来应对这些挑战。正是在这种背景下,现代基础教育把培养年轻一代的创造力,当作教育科研的一个十分重大的课题,各国的教育家和心理学家不断提出培养年轻一代的创造力、智力和个性发展的新理论和方法，广泛开展以实现上述目标为宗旨的教育实践。人们普遍期望基础教育成为新文化创造者的缔造源，用新方法培养出一批人，使这些人：在智力、能力、事业心和灵活应变力上，能超过他们的前辈；有强烈的创新愿望，懂得预测、模拟、情景描述、模型制作等技术；能创造性地解决人类当前所面临的难题和未来可能发生的问题。实际上，正是建立在基础教育的这种更新功能的发展趋势下，当今世界文化才有过去所无法比拟的发展速度。

第二章 1978—2012 年我国基础教育管理体制的历史沿革

基础教育行政体制，关系到基础教育所能发挥的作用。基础教育管理体制改革是整个基础教育改革与发展的关键，它关系到基础教育的各个层面，牵涉到社会发展的众多领域。因此，如何坚持和完善基础教育管理体制改革是我国面临的一项长期而又艰巨的任务。本章为我国基础教育管理体制的沿革，分为全面恢复计划管理体制阶段的基础教育体制改革、改革计划管理体制阶段的基础教育体制改革、深化管理体制改革阶段的基础教育体制改革、科学发展观指导下的基础教育管理体制改革四节，主要包括改革社会背景、基础教育管理体制改革的起因、基础教育管理体制改革的突破点及其意义等内容。

第一节 全面恢复计划管理体制阶段的基础教育体制改革

该阶段大致从 1978 年到 1985 年。

一、改革社会背景

（一）当代中国的社会转型和民族复兴

当代中国正处在一个全球和本土都急剧变动且交互影响的大时代，其复杂的生存环境，是世界剧变影响的产物，更是中国社会内在发展的需要与矛盾的产物。整个社会呈现出来的全方位的改革势态，既激烈迅猛，又复杂深刻。透过纷繁、喧闹、变动不居的社会现象，我们把当代中国多方改革的主题聚焦为"社会转型与民族复兴"。它始于 1978 年年底党的十一届三中全会的召开，几十年来，虽然改革尚未完成，且难免有一些不尽如人意之处，但中国确实已发生了令世人震惊和令国人振奋的变化。这一时期中国的社会经济变革是中国历史上一次伟大的社会变革，当代中国的教育改革是其重要的组成部分。

（二）经济全球化背景下的国际性教育革新浪潮

当代社会，社会与教育之间的相互关系和相互作用变得十分复杂。从发展速度上看，与过去的时代相比，社会的变化从来没有如此剧烈过；从社会变化对教育的影响力来看，也从来没有一个时期，社会变化会如此直接冲击教育，并要求教育做出不断回应；从教育自身发展的状态来看，当代教育如果仍然保持"稳定不变"，不但无法与社会发展共命运，甚至无法维系自身的存在。

法国学者朗格朗的著作《终身教育引论》（1970）、联合国教科文组织的研究报告《学会生存——教育世界的今天和明天》（1972），都就社会发展与教育之间的互动性论述了社会与教育之间的关系。正如《学会生存——教育世界的今天和明天》所言，"从教育指定社会的任务和社会指定教育的任务这两方面来讲，这种说法都是正确的。而且就这种任务所要达到的目标而言，这种说法也是正确的"，"一方面，教育改革要有社会的和经济的发展目标；另一方面，很难想象没有教育的更新，社会也会发展"。

二、基础教育管理体制改革的起因

在党的十一届三中全会后的一段时期，教育事业得到恢复和发展，但轻视教育、知识和人才的问题仍然存在，我国教育不能适应社会主义现代化建设的局面还没有得到根本的扭转，在对内搞活、对外开放、新技术革命大量兴起和经济体制改革全面进行的形势下，体制的不完善和教育的落后问题更加凸显。

1985年，中共中央发布《关于教育体制改革的决定》。这是新时期以中共中央名义发布的第一份包含"改革"这一关键词的文件。它在1984年中共中央做出有关经济体制改革决定一年之后发布，仅从名称上看，就可以感到这是与经济体制改革"配套"的一项改革决定。党中央认为，要从根本上改变经济与教育现状，"必须从基础教育管理体制入手"。

当时基础教育管理体制在管理的权限划分方面存在如下问题：学校被政府有关部门统得过死，学校缺乏应有的活力而政府应管的事又没有管好；同时，在教育结构方面，学校数量不足、质量不高，基础教育薄弱，合格师资比较缺乏，必要的硬件设备严重不足。概括来讲，当时教育管理体制改革的主要方面分为以下几点。

①教育管理体制从"单轨"独进模式向多元化模式发展。除了正规学校教育之外，还大力倡导职业教育、民办教育和社会培训等教育形式的发展，拓展教育资源。中等学历的极大普及和教育的极大发展有效解决了改革开放后人才短缺的问题和人才培养的问题。

②基础教育的目标从"以阶级斗争为纲"转向为经济建设服务。改革基本消除了"文化大革命"遗留的影响，同时对基础教育制度、基础教育方针做了积极的和合理的调整，保证基础教育事业常规化、合理化的发展。

③基础教育管理中的权力适当下放。这主要是为了解决在管理过程中存在的"统得过死""条块分割"的局限，积极探索在教育方面的分类和管理。

④进一步推进基础教育的对外开放程度，使关注的重点逐渐从学习国外经验转向关注国内的教育问题。在这些方面，我国经历了一个从自发到自觉的重要历程，在建设具有中国特色的社会主义现代化教育目标的过程中，改革开放的过程和开放程度也逐渐清晰起来。

三、基础教育管理体制改革的突破点及其意义

恢复高考制度、恢复重点学校制度、恢复职称评定，这"三个恢复"是改革开放初期深得民心、具有深远影响和突破意义的改革亮点。这三点成为改革的核心，为后续的改革奠定了基础。只是这三个方面的措施都是以恢复为名义的，其实质不是发展，而是重建。

（一）恢复高考制度

1977年10月，国务院批转教育部《关于1977年高等学校招生工作的意见》，宣布当年立即恢复高考。这是我国唯一一次在冬天举行的高等学校入学考试，考取的学生在春季入学。

在1977年各省命题的基础上，1978年的高考由全国统一命题，考试时间为7月20日至22日。1979年高考做了新的调整，规定考生年龄一般不超过25周岁，由教育部统一命题，各省组织考试、评卷；报考重点院校的，外语考试成绩按考试分数的10%计入总分，报考一般院校的，外语考试成绩暂不计入总分，录取时作为参考。考试时间调整为7月7日至9日，这一高考时间规定一直延续到2003年。1980年的高考改革中，在考试组织形式方面，教育部规定考生多的省份实行预选考试，预选出成绩比较优秀的学生参加全国统考，预选制后大约只有40%的学生有资格参加高考。

（二）恢复重点学校制度

1978年1月，经国务院批准，教育部印发了《关于办好一批重点中小学的试行方案》，要求切实办好一批重点中小学，以提高中小学的质量，总结经验，推动整个中小学教育革命的发展。自此，全国各地迅速确定了一批重点中小学，经过一年多的发展，到1979年年底，我国重点中学的数量发展到了5200所，在校生有520万人，重点小学7000多所，在校生有510万人。

1980年7月28日至8月4日，教育部在黑龙江省哈尔滨市召开了全国重点中学工作会议，讨论修改了《关于分期分批办好重点中学的决定》（以下简称《决定》）。同年10月，经国务院批准，教育部颁发了修改后的《决定》。《决定》在指出重点中学存在问题的同时，也进一步肯定了重点中学的积极作用，认为重点中学有助于更快更好地培养人才，能够起到示范作用，能够进一步推动社会主义现代化建设。

"重点学校"从诞生那天起，就自觉地承担起"多出人才、快出人才"和"通过考试选拔优秀人才"的历史责任，也将其内化为自身办学模式中的"选拔"与"应试"的功能特征。此时的重点学校，以自身的运作方式，为广大学校迅速恢复和建立教育教学秩序、建立学校管理常规提供了一个参照模型，使学校迅速从无序状态转向有序运行，也以自身的艰苦努力，为迅速接续人才培养链条做出了历史贡献。

（三）恢复职称评定

1977年，相关领导人指出，要恢复科研人员的职称，大专院校也应恢复教授、讲师、助教等职称。同年9月，《中共中央关于召开全国科学大会的通知》指出，应该恢复技术职称，建立考核制度，实行技术岗位责任制。从此，国家各有关部门积极努力，先后恢复和建立了多个职称系列。职称制度的恢复和重建，调动了广大科技人员的积极性，体现了党"尊重知识，尊重人才"的政策。

当时，职称评定制度的特点是，职称只表明专业技术人员的水平能力和工作成就，由专家评审确定，没有岗位要求和职数限制，不与工资待遇挂钩，没有任期，一次获得，终身享有。职称评定不仅对社会、对教育事业发展产生了积极影响，而且对个人发展也有强烈的激励作用。它使从业的专业技术人员安心于自己的事业追求，有了对自己和他人专业发展水平进行评判的参照尺度，尽管不是那么绝对，但重要的是，使从业的专业技术人员有了不可或缺的专业自尊。

第二节　改革计划管理体制阶段的基础教育体制改革

该阶段大致从 1985 年到 1997 年（有学者将此阶段截止到 1992 年）。

一、改革社会背景

（一）社会改革开放要求改革传统教育

我国从 1978 年开始推行改革开放，1992 年年初开始进入初步建立社会主义市场经济体制阶段。改革不断向纵深方面发展，面临着制度创新。1992 年 10 月，中共十四大明确提出，中国经济体制改革的目标是建立社会主义市场经济体制。1993 年 11 月，党的十四届三中全会做出相关决定。随后几年间，中国按照建立社会主义市场经济体制的目标，大幅度地改革了财政体制、金融体制、外汇管理体制等宏观经济体制。社会的发展和改革需要人才，而人才培养则需要相应的教育。这段时期中国的教育，经过了几年的整顿、清理和规范，刚刚有了新的发展，但是还有很多不符合时代要求和发展的内容，在这样的状况下，显然难以承担这个艰巨的任务，必须要对自身进行改革。因此，当时的教育事实上面临着双重任务，既要适应社会改革的紧迫繁难的要求，又要直面和解决自身的矛盾和问题。

（二）基础教育面临的基本矛盾与核心任务

正如 1985 年《关于教育体制改革的决定》所分析的那样，党的十一届三中全会以后，党中央对教育工作做出了新的决策和论断。我国的基础教育建设取得了不小的成就，基础教育事业得到了恢复，并逐渐走上了健康发展的道路。但是，轻视人才、轻视知识、轻视教育的错误思想仍然影响着建设工作的进行。在教育工作方面，教育建设还在受"左"的思想的影响，教育工作不能适应社会主义现代化建设需要，这种局面一时得不到根本的扭转。当时我国面临的形势是，对内搞活，对外开放和经济体制变革，以及世界性的技术革命不断兴起。在这一背景下，我国教育管理体制的弊端和教育事业的落后问题就更加凸显出来。

总的来说，当时教育事业存在的主要矛盾有以下几个方面。

①在管理权限划分方面，政府对学校尤其是高等学校管理越位，学校缺少自主权和创新意识与活力，而在政府职能的履行方面，政府又出现缺位和管理不足的情况。

②在教育结构方面，主要问题是学校数量过少、教学质量偏低、基础教育较弱、合格的师资不足，必要基础设备也比较缺乏。

③在基础教育的教育内容、教育方法方面，我国学生的独立思考和独立生活能力培养不足，爱国主义教育的精神教育不足，马克思思想教育不够活泼生动，上课的教材内容比较陈旧，专业设置比较狭窄，教学方法比较死板，不够重视实践环节。

以上这些问题不同程度地阻碍了社会和经济的发展需要。

二、基础教育管理体制改革的起因

党的十四大确定了中国改革和建设的主要任务，明确提出"必须把教育摆在优先发展的战略地位，努力提高全民族的思想道德和科学文化水平，这是实现我国现代化的根本大计"。在中国改革开放进入社会主义市场经济、加快改革开放和现代化建设、进一步解放和发展生产力的新阶段，国民经济整体素质和综合国力都需要迈上新台阶。这是教育难得的机遇，也对基础教育的改革与发展提出了新任务和新要求——要在建设有中国特色社会主义理论指导下，坚持党的基本路线，贯彻教育方针，继续"三个面向"，提高劳动力素质，培养大批人才，建立适应经济体制、政治体制、科技体制改革需要的教育管理体制，更好地为国家的现代化建设服务。特别是在改革开放的要求及教育面临的基本矛盾及核心任务变化的情况下，要改变这种局面，就必须从根本上改革。也就是说，要将基础教育改革的重点放在对教育系统进行全面系统的改革上。改革主要包括以下步骤：管理体制改革，扩大学校办学自主权，简政放权进行教育结构调整，并改革人事制度，改革教育思想、教育内容、教育方法，使之与社会主义现代化相适应。

三、基础教育管理体制改革的成效及其意义

（一）将基础教育看作整个教育系统中最重要的部分

在推进基础教育管理体制改革的过程中，要遵循积极进取、实事求是、分区规划、分类指导、分步实施的原则，不断深入推动教育事业的发展。基础教育尤其是义务教育，就其本质而言，是面向全体儿童和青少年、促进其身心全面发展、提高国民整体素质的教育。它是教育事业的基石，是人才成长的摇篮。

改革开放以来，我国小学毕业生升入初中阶段的比例从1979年的57.7%上升到1997年的93.7%。1997年年底，全国普及九年义务教育的人口覆盖率达到

65%。同时在全国实现了基本扫除青壮年文盲的目标。

同改革开放之初相比,这段时期基础教育在效益、质量上有较大的发展。1978年我国有小学94.93万所、初中11.31万所、普通高中4.92万所,布点分散,效益较差。从20世纪80年代开始,我国进行了中小学布局调整,采取适度规模办学,对一些学校进行撤并,普通小学、中学数量明显减少,到1997年全国共有小学62.88万所、初中6.62万所。基础教育取得上述成绩,得益于遵循了实事求是、一切从实际出发的思想路线,得益于力争促进决策的科学化、民主化和注意因地制宜、分区规划、分类指导的工作原则。

(二)推进基础教育管理体制和中小学办学体制的改革

在实行改革开放政策以前,我国的基础教育管理体制过于集中,职责不明,效率低下,不利于调动各级政府和私人机构办学兴教的积极性。1993年中共中央、国务院发布的《中国教育改革和发展纲要》强调,必须变过于集中的基础教育管理体制为在国务院统一领导下、地方负责、分级办学、分级管理的体制,变基础教育经费投入由全靠国家负担的体制为政府财政拨款为主、多种渠道筹措教育经费为辅的体制。1995年《中华人民共和国教育法》(以下简称《教育法》)进一步明确了这种体制。之后,这种管理体制得到确立和完善,县级部门对基础教育的统筹管理职能进一步加强,县、乡、村三级办学,县、乡两级管理,以县为主的体制得到了确立和完善,调动了地方各级政府和私人机构兴办教育的积极性,给基础教育带来前所未有的生机和活力。基础教育的实施更符合各地实际,地方政府的责任更加明确,办学条件得到了较大改善,特别是校舍改造有了突破性进展。

四、对基础教育管理体制改革的评价

这次对基础教育管理体制的改革深受经济体制改革的影响,"地方负责,分级管理",旨在促进基础教育的非均衡发展,改革过程中出现了公平与效率的矛盾。1992年,在著名的南方谈话中,邓小平同志系统地论述了"先富"与"共富"之间的辩证关系,他说:"走社会主义道路,就是要逐步实现共同富裕。共同富裕的构想是这样提出的:一部分地区有条件先发展起来,一部分地区发展慢点,先发展起来的地区带动后发展的地区,最终达到共同富裕。"在这里,邓小平同志提出了社会主义建设过程的"阶段论"以及"从非均衡到均衡"的"动态均衡理论"。从某种意义上说,经济改革的起点就是打破大锅饭。

虽然"地方负责，分级管理"导致基础教育的地区差距与城乡差距，但我们应该看到，整体教育水平得到提升，以及乡镇在筹措基础教育经费上曾经发挥过巨大作用。同时，我们要确定我国改革的最终目标是实现共同富裕。对此次改革的主要评价见以下几点。

①从凯恩斯的宏观非均衡分析来看，国家干预的"有形之手"与市场调节的"无形之手"共同成为市场经济的调节手段。要解决基础教育改革过程中公平与效率的矛盾，中央政府负有不可推卸的责任，但"地方负责，分级管理"的管理体制还不足以凸显中央政府的作用。

② 1985 年以后，我国基础教育管理体制存在事实上的双轨制：在城市，基础教育资金主要靠县及县以上政府的财政拨款，管理重心一直在县一级；在农村，基础教育资金的来源一度主要靠乡镇财政，形成事实上的"以乡镇为中心"的管理体制。

③改革过程中出现了很多各方都难以预料的问题。以中央政府而论，中央文件中从来没有出现过基础教育管理"以乡镇为中心"的字眼。相反，从几个政策性文件来看，一直强调的是"以县为中心"。从地方政府来看，没有预料到基础教育改革难度如此之大，乡镇政府毅然承担起农村基础教育主要管理者及主要出资人的角色。

④改革的主战场在农村，重点是理顺县及县以下地方政府之间的权责关系，关键则是厘清基础教育出资比例。1985 年以后的基础教育管理体制改革，对城市基础教育管理体制基本没有大的触动。在农村，则出现了与政策实际不符的"以乡镇为中心"的管理体制。

第三节　深化管理体制改革阶段的基础教育体制改革

该阶段大致从 1997 年到 2002 年。

一、改革社会背景

（一）中国经济体制转轨

1997 年 9 月，党的十五大提出，公有制为主体、多种所有制经济共同发展是中国社会主义初级阶段的基本经济制度。调整和完善所有制结构，成为经济改革的首要任务。2002年11月起，我国的经济体制进入逐步完善的社会主义市场经济体制阶段。2002年11月，党的十六大报告提出，21世纪头20年，对中国来说，是一个必须紧紧抓住并且可以大有作为的重要战略机遇期。这一时期的战略目标是全面建设惠及十几亿人口的更高水平的小康社会。2003年10月党的十六届三中全会召开，之后中国开始了以完善社会主义市场经济体制为目标的改革，以进一步解放和发展生产力，为经济发展和社会全面进步注入强大动力。

（二）市场经济带来机遇与挑战

建立社会主义市场经济，要求深化教育管理体制改革：建立我国国民教育和终身教育管理体制以及学习型社会，全方位推进素质教育落实，不断增强国民的就业、创新、创业能力，充分发挥人力资源优势，推动现代教育管理体制建设，优化教育结构，变革培养模式，推动教学质量提升，推动基层政府主导下的农村义务教育管理体制建设，对教师以及管理人员实施聘用制度，完善政府投入和多元化资金来源的教育经费制度，形成公办民办学校共同发展的局面，对家庭困难学生的救济制度不断地完善。这是教育发展的一个机遇，也是重大的挑战。

二、基础教育管理体制改革起因

党的十五大提出了跨世纪社会主义现代化建设的目标与任务，对落实科教兴国战略做出全面部署。面对知识经济初见端倪，国际竞争越来越倚重综合国力，尤其是人力资源水平、人才培养和教育发展的现实，提高知识创新水平，确立教育优先发展战略，成为党和政府的重要决策和努力方向。面对中国教育的发展水平及人才培养模式尚不能适应现代化建设需要的现实和中华民族伟大复兴的客观需要，我国教育体制必须抓住机遇、求真务实、深化改革、锐意进取，焕发生机和活力。

为此，我国教育体制要在以往改革的基础上，进一步解放思想，根据中国改革与发展的实际，调整和优化教育改革与发展的思路，全面规划、突出重点、抓住关键、抓好落实，确定包括基础教育管理体制改革在内的一系列行动计划的主要、具体的目标，全面推进教育的改革与发展，提高全民族的素质和创新能力。

20世纪90年代后半期，中国教育改革开始了面向世纪的规划，逐渐聚焦于"素质教育"这一主题。"素质教育"是针对"应试教育"提出的。改革开放后，教

第二章 1978—2012年我国基础教育管理体制的历史沿革

育界万物复苏,学科学、讲科学、尊重知识、尊重人才蔚然成风。同时,对中小学学制、课程和教材的改革也取得一定进展,广大中小学的教学改革十分活跃。但是,随着就业压力的增大和其他多种因素的影响,应试教育的弊端逐渐体现了出来,特别是到了20世纪90年代,应试教育愈演愈烈。于是,实施素质教育、提高全体学生素质的呼声日益高涨。

1997年,在时任国务院副总理李岚清同志的亲自推动下,国家教委在山东省烟台市成功地召开了全国中小学素质教育经验交流会,下发了《关于当前积极推进中小学实施素质教育的若干意见》,提出了向素质教育转变的目标、思路、任务和措施,至此,素质教育作为政府行为全面启动。广大中小学教育工作者掀起实施素质教育的热潮,学习贯彻国家教育方针,增强教育科研意识,改革传统教育教学模式,主动地去思考、探索教改和教材建设的新思路、新方法。各地出现了不少教育基本功扎实、管理经验丰富又具有较高教育科学理论素养的教师和校长。

20世纪90年代末,从教育改革整体发展的角度,我国又相继推出了两个文件:一个是1998年由教育部制定、国务院审批颁布的《面向21世纪教育振兴行动计划》,另一个文件是1999年由中共中央和国务院联合颁布的《关于深化教育改革全面推进素质教育的决定》。在两年的时间内连续发布两个重要文件,可见我国最高决策层对教育在21世纪中重要地位的关注。

三、基础教育管理体制的改革内容

2001年,国务院印发了《关于基础教育改革与发展的决定》。这一文件对基础教育在现代化建设中的关键地位再一次做了论述,并提出了优先发展基础教育的方针,这使得基础教育在整个教育和社会发展中的地位得以肯定。在当时我国基础教育的总体发展不平衡的情况下,地方政府对基础教育的重视投入不足,因而使得基础教育发展面临挑战,这一文件的出台,是对上述情况的一种回应,是发展基础教育的一种保障。该文件涉及的主要改革策略与内容有以下几点。

①确立教育优先发展和科教兴国的战略,确立以县为主的义务教育投入与管理制度。在办学体制上,进一步对政府主导办学和社会辅助办学相结合的机制,以及鼓励社会力量办学的政策进行重申,并在认识上,区分了社会公共领域和非公共领域。

②教育需求成为教育决策和教育管理体制改革的主要参照,引导教育消费成

为教育多元化的重要支撑。

③在学制的规定上，实行九年义务教育，在高中阶段，鼓励职业教育和普通教育并行发展，并实行高中和初中的分离，同时，建立示范性高中，鼓励有条件的地区进行高中和高校联办。

④根据当时义务教育发展的需要，促使"两基"目标得以实现；实施跨世纪"素质教育工程"和"园丁工程"等；针对职业教育出现滑坡的情况进行积极探索。

⑤大力推进农村义务教育的健康发展，当时我国的农村义务教育中存在落实不力、教师工资不能按时发放、农村教育中乱收费现象以及教育经费乱用等问题，这些问题都被提出加以调整。

⑥重视基础教育发展，在基础教育阶段注重学生的创新精神的培养，为其发展奠定坚实的基础。这种表述在国务院的一级文件中还是首次出现。其具体要求主要有在课程管理方面要求实行国家、地方、学校三级课程管理。

第四节 本世纪初基础教育管理体制改革

该阶段大致从2002年到2012年（有学者将此阶段截止至2008年）。

一、改革社会背景

全面构建社会主义和谐社会进而实现中华民族繁荣富强的远大目标，就必须确立教育发展在中国特色社会主义现代化建设中的重要战略地位，走科教兴国与人才强国的教育改革道路。为使教育实现突破性、跨越式发展，逐步提高国民受教育的程度，应对来自各方面的严峻挑战，21世纪的教育改革肩负着前所未有的重担。在提升我国教育发展水平的同时，教育改革必须注重教育与经济、政治、文化、科技与社会的优势互补，同时以构建学习型社会为前进方向，以人为本，注重对创新人才与高素质劳动者的重点培养，充分发挥我国丰富的人力资源的领先优势，最终建立集优质人才智力贡献与经济发展支持于一身的具有中国特色的现代化教育机制。

（一）提升中国教育质量

教育质量是基础教育工作的生命线，也是基础教育全面、协调、可持续发展的重要保证。全面实施素质教育，是提高基础教育质量的重要途径，是落实科学

第二章　1978—2012年我国基础教育管理体制的历史沿革

发展观关于促进人的全面发展要求的具体体现。不断提高基础教育质量，也是世界基础教育的发展趋势。统筹基础教育改革与发展，必须把提高基础教育质量放在重要位置。

在21世纪，全面实施素质教育，提高教育质量，一方面要促进基础教育的均衡发展，下大力气加强基础教育的薄弱环节；另一方面，要加快推进课程和教材改革，创新教育方法和手段，充分吸纳当代自然科学和人文社会科学的最新成果，建立符合受教育者全面发展规律、激发受教育者创造性的新型教育教学模式，形成相互激励、教学相长的师生关系。同时，教师是提高教育质量的重要保证，因此要进一步完善教师教育，加强对教师的培训，不断提高教师的师德水平和职业素养，使广大教师更好地适应新形势、新要求，树立适合时代发展要求的教师新形象。

（二）21世纪基础教育改革的新方向

2004年初，在国务院的批准下，教育部制定了《2003—2007年教育振兴行动计划》，这一行动计划提倡在全国范围内要坚持贯彻"教育为人民服务"的路线方针，并提出了"为建立全民学习、终身学习的学习型社会奠定基础"的目标。这一行动计划的制定标示着当代中国教育改革迈入了新发展阶段。在这一行动计划中，我国广大人民群众的意义与建议得到了关注与采纳，而我国政府对于教育管理体制的完善，也在构建社会主义和谐社会的大政方针指导下，大步朝着"学习型社会"的目标迈进。

在此阶段，按照《国家中长期教育改革和发展规划纲要（2010—2020年）》部署，农村义务教育学生营养改善计划、"全面改薄"等基础教育重大系列工程陆续实施。在关注教育机会公平获得程度的前提下，基础教育也正着眼于人民群众获得过程的品质、获得结果的满意程度，全面系统地提升质量，推进基础教育综合改革，向着有质量的教育公平的目标不断靠近。

二、基础教育管理体制的改革内容

2003年，党的十六届三中全会召开。本次会议确立的科学发展观的指导思想，对我国教育改革产生了极其深远的影响。从此，教育改革的主导价值观开始转变为以人为本、促进人的全面发展。与此相适应，人的发展的公平性和质量受到了高度的重视，并成为这一时期教育政策的两个核心的问题。这段时期教育改革与发展的两个核心目标是促进教育公平和提高教育质量。同年，国务院颁布了

《关于进一步加强农村教育工作的决定》，提出要把农村教育当作教育工作的重中之重。

2005年，国务院颁布了《关于深化农村义务教育经费保障机制改革的通知》，做出了建立农村义务教育经费保障新机制的决定，全部免除农村义务教育阶段学生学杂费，力争实现每一个农村孩子都有学上、上得起学的目标。同年，城市中的流动人口子女的入学问题得到重视，在《关于进一步推进义务教育均衡发展的若干意见》中规定，以公办学校为主，认真做好进城务工农民子女义务教育工作。

《中华人民共和国义务教育法》于2006年重新修订，在义务教育的管理体制和投入体制方面，在过去强调"以县为主"管理体制的基础上，突出了省级政府对义务教育进行统筹规划的责任，同时还强调了中央政府的责任。至此，逐步下放乃至下放至乡镇的基础教育管理的权力与责任，又逐步向县级政府乃至省级政府回归。

2007年党的十七大明确指出，教育是民族振兴的基石，教育公平是社会公平的重要基础。基础教育管理体制改革围绕"教育公平"这一主题，为实现全面建设小康社会和构建和谐社会的目标，进一步发展完善。如何促进教育公平和社会公平，科学、合理配置义务教育资源，尤其是关注农村义务教育事业的公平与发展被高度重视。

在提高教师素养方面，"中小学教师国家级培训计划"，是教育部、财政部于2010年开始实施的旨在提高中小学教师特别是农村教师队伍整体素质的重要举措。

三、基础教育管理体制改革问题及发展走向

（一）存在的问题

1. 缺乏衡量基础教育质量的科学合理的标准

这一阶段，亟待建立合格学生、学校的评价标准。致力于"均衡"的目的是实现"优质"，即通过内涵式发展的努力来提升教育质量。人民和政府更加关心教育投入是否真正带来了效益，教育质量是否真有提高，这就需要有一套新的标准和制度来规范和衡量。我们现有的一整套行政系统基本上是围绕硬件发展、规模扩大、普及率来运作的，相关的制度、机制相对完整有效，但能科学合理地反映教育质量的标准并未真正建立起来，所以，合格学生的标准、优质学校的指标等，都亟待更新或重建。

2. 公共教育资源配置机制尚需进一步完善

这一阶段，政府将要承担更多的责任。新时期，国家更加关注民生，把教育的责任更多地转移到政府身上。坚持教育的公益性，就是要把教育规范到这样一个轨道上——以公共财政支撑的公共事业。由于多年来的特殊时期的特殊办法，不少地区和学校已建立起"资金来源多渠道"的发展格局。今后的重大战略调整方向就是让老百姓的负担减下来，政府要承担更多的责任。各级各类教育都要以政府投入为主，包括强化政府对学校的责任，探索建立政府、家长对高中教育的经费分担机制。

（二）发展走向分析

1. 完善基础教育管理观念

基础教育管理的工作纷繁复杂，要平衡好"分工"和"分级"的关系，不能顾此失彼，否则会导致管理中的失衡。我们国家地域辽阔，经济发展水平不均衡，基础教育条件和管理观念相差甚远，因此基础教育是无法做到"统一模式"的，必须立足于现实结合本地实际条件，使用多种办学模式。在实际工作中我们发现，基础教育的发展需贯穿一个"稳"字，即在适当的时候调整改革的节奏。我国这一阶段的基础教育管理已经不再是原先的"以乡为主"，而是慢慢转变成"以县为主"了，而在具体管理中出现越来越多的综合管理的现象。虽然说教育行政指令和行政监督模式还比较死板，但在教育立法和教育督导以及教育援助方面都较以前有了明显的进步。

2. 对基础教育工作的职责权限进行划分

这一阶段我国的财政资源以及人事资源分配存在着不对称问题，资金和人才向着东部发达地区涌入，长此以往西部落后地区的基础教育工作就会变得更差。问题出在哪里呢？县级政府部门缺少对辖区内教师编制和人事任命方面的基本权力。西部地区的一些从事基础教育的教师由于没有编制，他们的生活水平一直无法得到有效改善。基础教育工作是关系到民族振兴的一项大工程，只有改革基础教育管理体制才能从根本上提高基础教育的水平。具体说来，就是要落实中央、省、市、县各级政府在基础教育方面的绩效责任，该谁负责就由谁负责，彼此之间不要推诿和扯皮，大家齐心协力搞好基础教育。

第三章　基础教育及课堂教学存在的问题

伴随着社会的发展，教育也应当与时俱进，基础教育作为"地基"，更应该保持先进性。教育工作者们要经常审视基础教育及课堂教学存在的问题，不断调整教育的指导思想和方针政策，促进基础教育改革的发展，为社会培养真正的人才。本章分为我国基础教育存在的问题与面临的挑战、基础教育课堂教学存在的问题两节，主要包括我国基础教育取得的成绩、我国基础教育存在的问题和不足、课堂教学方式方面存在的问题、课堂教学目标设置方面存在的问题等内容。

第一节　我国基础教育存在的问题与面临的挑战

一、我国基础教育取得的成绩

基础教育是教育大厦的奠基工程，它的发展关系到整个教育系统的健康发展和现代化人才质量的提高。新中国非常注重基础教育的改革和发展，特别是改革开放后，我国加快了基础教育改革和发展的步伐，各种教育思想激烈碰撞，各种新的教育措施、方法和实验也如雨后春笋般层出不穷。目前，我国的基础教育已经历了多次宏观层面的改革，其中还穿插了多次微观层面的改革，有效提升了我国基础教育的品质。

学前教育作为终身学习的开端，位处国民教育体系中的重要环节。目前，我国学前教育取得了不错的成绩。

义务教育作为基础教育的主体部分，有着至关重要的地位。就目前情况来看，我国的义务教育实现了高水准普及，城乡二元结构壁垒基本消除，同时在信息技术的促进作用下，"城乡孩子共上一节课"不再是梦。

农民工是城市建设的重要力量，也是较为弱势的群体。进城务工就业农民子女的上学问题在政府的高度重视下得到了大范围解决。

二、我国基础教育存在的问题和不足

改革开放 40 多年来，我国基础教育体制致力于教育行政体制、办学体制、学校管理体制等方面的改革，取得了巨大的成就。这些改革对于实现教育新旧体制的转轨，促进教育良性发展产生了重要作用。但在基础教育发展过程中，一些问题也不容忽视。我们要直面基础教育存在的问题和不足，以积极的态度寻找解决问题的措施，以进一步推进我国基础教育的发展，使基础教育更加适应人和社会的发展需要。

（一）教育不公平依然存在

教育公平是指每个公民公正平等地享受社会所提供的教育资源，包括入学机会的平等，教育过程的平等以及教育效果的均等。教育公平主要表现在以下方面：①入学机会的均等。教育对象不分种族、地域和性别，都有平等的入学机会。②教育过程均等。教育对象在教育过程中都能均等地享用社会所提供的教育资源（含师资力量、教学设施、班额配置等）。③教育效果均等。其标志是保证每个公民在接受教育后，能平等地享有社会所提供的机会，做到学有所得、学有所用。教育公平是社会公平的起点，是构建和谐社会的基石。推进教育公平和均衡发展对逐步消除我国社会转型期的不公平现象，构建和谐社会具有重要意义。

改革开放以来，我国基础教育在实现教育公平方面取得了跨越式的发展，但在实现基础教育深层次公平方面还存在一些问题。主要表现在：①东西区域之间、城乡之间办学条件存在明显差异；②同区域内不同学校之间教育资源配置不够均衡，重点学校与非重点学校之间、公办学校与民办学校之间在占有教育资源方面存在较大差距；③不同阶层和学习群体获取的教育机会不平等。

1. 各阶层地位不一

经济的发展促使我国社会阶层贫富差距拉大，这是调整基础教育公平的一个重要制约。阶层差距的表现如下：①贫困生问题，贫富差距使义务教育阶段实际教育成本增加，高中阶段的收费制等，让有的贫困生出现辍学情况；②有的进城务工就业农民工子女就读困难，不能接受城市公平教育；③我国一些名牌学校必须交高昂的择校费，使大多数工薪阶层望而却步，加剧了基础教育的不公平。

2. 学生参与不平衡

学生参与不平衡，主要是指学生在接受教育的过程中的参与机会不相同，表现为在学校教育过程中，教育者违反教育教学规律，漠视学生的个体差异，忽视学生在教学中的主体地位，以非民主的教育方式和手段不公平地对待每一个学生。

①教师剥夺学生参与机会。在我国，教师讲授是普遍采用的课堂教学模式。这种教学模式的特点是偏重教师的教，基本上从教师教的角度来组织教育教学活动，学生主要是被动参与。偶尔也会"教师搭台，师生共唱"，即教师是教学过程的"伴奏者"，但这位"伴奏者"却常常越权行使权利。在这种教学模式中，学生被看作"被教育者教育"的人，在教学过程中的主动性与积极性被束缚和压抑，独立思考能力和创造精神难以得到培养。

显然，新课改大力提倡改变"教师主导课堂"的现状，但由于部分教师不能正确定位教师和学生的角色，造成学生的主体地位难以得到有效的保障。在这种模式下培养起来的学生往往缺乏团队合作能力、创新能力和独立学习能力。

②学困生被忽略。由于对学生与教师的评价和考核仍偏重于选拔性考试，所以成绩的高低就成为教师关注的重点。因为学习好的学生的成绩在核算教师成绩时更为有效，所以部分教师为提高自己的教学成绩，更为关注这一部分学生的学习状况，制订教学计划和安排教学步骤时更多地是以这些学生作为参照物。这些学生的课堂反应和作业水平"被代表"了全班同学的水平，很多成绩不太理想的学生则处于被忽略的境地。长此以往，成绩相对较弱的学生参与学习的机会被严重剥夺，导致他们在走向社会时缺乏自信和生存发展技能。教育两极分化现象有进一步加剧的可能。

3. 教育资源配置不均衡

教育资源又名教育投资，是一个国家或地区在教育方面所提供的人力、物力和财力的总和。教育资源的均衡则指各区域之间、城乡之间以及不同的学生群体之间占有均等的社会教育资源。教育资源均衡是贯彻落实科学发展观和构建和谐社会的需要，也是实施素质教育的必然要求。

目前，我国在教育公平问题上面临的形势依然不容乐观：教育在城乡之间、发达地区与不发达地区之间的差异较大，教育资源的配置不十分合理，许多学校存在教育经费紧张、师资不足、教育质量差等问题，一些教师对学习优等生和学困生差别对待，特殊教育发展落后等。这些问题已经严重阻碍了我国教育改革的发展进程。

（1）区域之间、城乡之间办学条件存在明显差异

东部大中型城市经济实力较为雄厚，投入教育中的资金也较为充裕，加之重点学校能够凭借自己的优势争取更多的教育资源，因而重点学校的硬件和软件配备多非常齐全。宽敞明亮的校舍，一流的教学设施，电脑室、实验室、音乐教室、

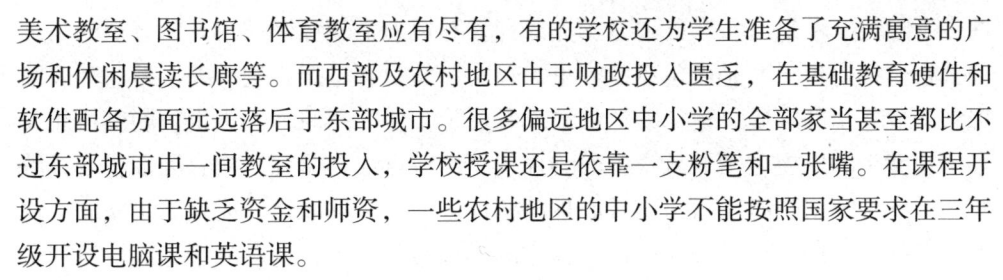

美术教室、图书馆、体育教室应有尽有，有的学校还为学生准备了充满寓意的广场和休闲晨读长廊等。而西部及农村地区由于财政投入匮乏，在基础教育硬件和软件配备方面远远落后于东部城市。很多偏远地区中小学的全部家当甚至都比不过东部城市中一间教室的投入，学校授课还是依靠一支粉笔和一张嘴。在课程开设方面，由于缺乏资金和师资，一些农村地区的中小学不能按照国家要求在三年级开设电脑课和英语课。

（2）区域之间、城乡之间师资力量不平衡

城市和农村教育条件和待遇的差距，使很多正规师范院校的毕业生对农村望而却步，很难一心一意扎根于农村服务于教育事业，造成了农村师资队伍的薄弱和不稳定。

4. 东西部教育差距明显

地区差距问题在基础教育中影响深远。各地区经济的不均衡发展使教育投入存在明显差别。东部发达地区经济实力雄厚，教育投入多，西部欠发达地区难以拨出大额款项，教育投入水平低，同时欠发达地区无法支付子女教育费用的家庭所占比例依然较高。虽然近年来我国政府加强了对西部教育经费的投入，但是东部大部分地区入学率明显高于西部，东西部教育差距依旧显著。

5. 城乡差异下的不公平

城乡间差距是造成基础教育不公平问题的又一因素，表现为：①基础设施差距。城乡经济差异使得乡村学校在建设校舍、教学设施及图书资料等方面远不如城区学校。②教育经费保障差距。农村中小学费用由县、镇、村共同负责，而城区学校的费用是市政府直接承担，这降低了农村中小学的经费保障。③教师素质与福利差距。农村学校师资整体素质低于城区学校，福利待遇差别也较大，农村教师福利明显不足。

（二）性别教育存在的问题

1. 教师缺乏因性施教

在学科学习上，有些教师认为女生能学好文科，但学不好研究性学科。这种观念在一定程度上反映出这些教师看到了男女生智力和非智力方面的差异，然而他们中的大多数并没有根据男女生心理发展的不同特点，采取科学的教学方式传授知识、培养能力，促使他们各自优势发展和劣势弥补。

相反的是，当一些教师看到部分女生的学习成绩随着年级上升、年龄增长在逐步下降时，不是反省自己在教学方式和教育观念上的性别偏差，从客观的角度去分析这种现象，而是由于自身"重男轻女"的教育思想，把"差"的这种表面现象看成事物的本质，把"差"的结果看成了"差"的原因，用世俗的刻板印象来鄙视女生的发展，没有从女生的心理、思维特点加以研究，没有因性施教，致使一些女生不仅学习吃力，而且心理负担加重、自卑感增强、成就动机减弱。这种不正确的看法导致部分女生产生畏难的心理障碍，极大地影响了她们学习理科课程的积极性和自信心。在这种现象中，教师对男女生智愚的偏见对女生自信心的建立和发展起了反作用，女生在课堂上被忽视的状况严重地影响了女生自信心的发展。

正确的做法应该是教师对于女生智力因素中的优势成分，针对她们言语能力较强、擅长于形象思维的特点，培养和发展她们在文科各领域内的才能。针对女生智力因素中在逻辑思维、空间能力等方面的劣势，采取适当的措施，使其得到优异发展。比如数学学科的教学对女生思维灵活性的培养就十分有效。对于男生也是如此。理科的概括性和抽象性，一般更适合男生的智力特点，教师要结合男生逻辑思维能力较强的特点，通过有关学科的教学，培养男生在其他方面的能力。教师可以通过加强语文、美术、音乐等形象性比较强的学科教学，有意识地培养男生进行形象思维的习惯，提高他们形象思维的能力。此外，教师还可运用多种教学方法加强直观教学，如观察植物标本，观看幻灯片、图片、模型等，这不仅可以丰富男生的直接经验和感性知识，而且可以使男生获得生动的表象，从而提高形象思维能力。

2. 家庭性别教育缺失

目前，家庭性别教育几乎都是在家庭里潜移默化进行的，家长对此很少有自觉认识，更缺乏科学的理论指导，因此造成了某些无益于社会和儿童自我发展的性别观念。

大多数家庭对孩子的性别教育遵循着"男孩要有男孩样""女孩要有女孩样"的原则。在家长心目中，理想的男孩是勇敢的、坚强的、有竞争能力的，理想的女孩则是文静的、温柔的、顺从的。家长根据这样的教育原则自觉或不自觉地对孩子采取了不同的教养态度和教育方式，主要体现在他们对子女关心照顾的多少、选购的服饰玩具、游戏内容的指导、所受教育的程度、兴趣培养以及家务劳动的分配上等。当家长的引导失去分寸时，有的男孩以为粗鲁无礼、咄咄逼人甚至暴力行为就是"男子气"，而有的女孩以为消极退缩、逆来顺受、不求进取就是"女人气"。这些都是对传统社会性别角色观念的偏执化观念。

现代社会是男女平等的社会，因此没必要把沉着、理智、勇敢、温柔等这些能为人类社会带来福祉，且本该为人类两性所共有的美好品质贴上性别的标签。也就是说，对现代人更应进行合乎科学、合乎时代要求的性别教育。家庭是个体出生后最早接触的社会团体，也是个体早期性别角色形成的教育场所。家庭性别教育应得到重视，家长应学会采取合理的方式有意识地对孩子进行性别教育，使其人格得到全面的发展。

（三）教师终身学习存在的问题

1. 基础教育教师对终身学习认知程度不足

虽然几乎所有教师都听说过终身学习的理念，对教师终身学习的意义认同度也较高，但一些教师对终身学习理念的了解程度不深，对终身学习思想在教育教学方面所带来的变革了解程度也不够深入，这在一定程度上制约着教师终身学习的行为，影响着教师终身学习的状态。在学习的动机和目的上，虽然大部分教师出于内部动机而选择学习，但也存在着部分教师参加终身学习活动是出于外部压力，或者是仅仅把学习当成达到一定目的的手段，学习的功利性较强，这不利于教师学习活动的持续性和终身性。在学习内容上，一些教师以往参加的学习活动，其内容大都与其专业知识的增长或工作相关，即使是在对待感兴趣的学习内容时，教师所期望的学习内容也大都脱离不了工作相关的范畴，对专业学习表现出强烈的期待，而生活和休闲类等人文方面的学习内容相对来说仍然没有得到应有的重视。有学者指出，"教师专业的发展不同于教师职业生涯的发展，教师除了要满足外在的社会要求外，还有作为一个人全面发展的需求"，"从短期来看，学习内容的专业性程度较高，有利于教师专业知识的提升，进而提高教育和教学质量。但从长远来看，人文方面内容的缺失，片面强调学习内容的专业性，这将使得教师所面临的生活和工作压力加剧，造成教师的职业倦怠，不利于教师职业生涯的健康发展"。

总之，一部分教师虽然有终身学习的想法，认同终身学习的意义，但由于对终身学习理念、目标、内容等方面的认知程度不足，导致在现实中参加培训和学习时，或忽略自身的求知欲望，或片面追求专业知识的增长，使得教师很难通过这样的学习和培训取得实质性的突破，也阻碍着终身学习活动的顺利开展。

2. 基础教育教师终身学习能力和策略有待提高

一部分教师虽然有制订终身学习计划的意识，但并没有制订切实的终身学习计划或者说在制订终身学习计划时较为迷茫。在调控学习过程和对学习成果进行评价及反思方面，不少教师的情况不容乐观，这说明教师在学习策略的运用上有很大的提升空间。有关终身学习的能力方面，虽然教师对自主学习能力的认同度很高，但对于"缺乏学习时间的主要原因"，一些教师认为原因是自己不能有效地管理和安排学习时间，缺少时间管理的能力。对于"参与终身学习活动所遇到的主要困难"，不少教师认为困难主要在于自己学习意志薄弱，难以坚持。

总之，终身学习具有连续性和终身性的特点，是一个长期的过程，理应成为教师工作和生活的重要组成部分，但如果一味强调终身学习，而又无阶段性目标作为支撑，没有计划性和相应的学习能力，容易导致学习者在漫长的学习过程中产生厌学情绪和疲惫感，学习也难以进行下去。

3. 基础教育教师终身学习环境和条件仍需改善

（1）教师个人学习投入较少

教师个人学习的投入主要包括学习时间和学习费用上的投入。在某项调查中，大部分教师或因为教学繁忙，或因为家务活多、抚养孩子负担重等原因，虽然每天能够抽出一定的时间进行学习，但学习的时间大都在1小时左右，学习时间相对较少。在学习的费用上，有将近一半教师一年的学习花费仅为几百元，学习费用上的投入总体偏少。

（2）学校提供的学习机会不足

学校为教师所提供的学习机会不足，主要表现在以下三个方面。

①激励教师终身学习的制度不完善。在某项调查中，当问及"学校是否有激励教师终身学习的相关制度"时，仅有一小部分教师所在学校有比较系统的制度，而超过一半的学校没有比较完善、科学的教师学习相关制度。同时调查发现，在学校对优秀教师的评选标准中，学生的升学率仍然占有较大的比重。教师也普遍认为"学校缺乏评价体系和激励机制"和"缺乏上级政策支持"是在参与终身学习活动过程中遇到的主要困难。

②学校所提供的学习资源缺乏。根据某项调查的结果，教师学习的主要场所是所在的工作单位，因此学校所提供的学习资源充足与否，直接制约着教师学习活动的开展。当问及"学校为教师学习提供的学习资源是否充足"时，认为学习资源"比较充足"和"非常充足"的教师占所调查总体的比例不足两成。而且，校本研修和校外集中培训作为学校组织教师进行终身学习活动的两种重要的途径和方式，总体上次数较少，质量情况也欠佳。教师在回答所参与的终身学习活动中遇到的主要困难时表达出"缺乏学习资源和条件"的呼声。

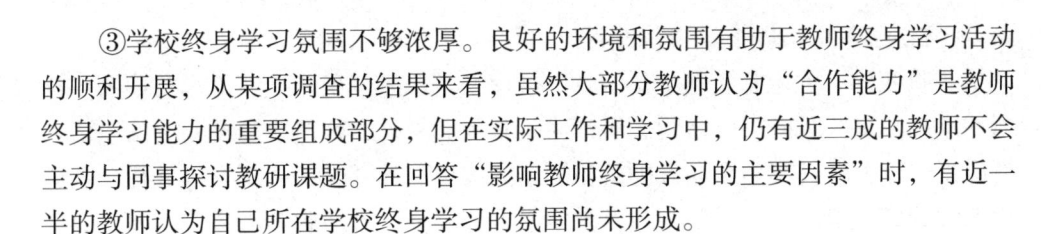

③学校终身学习氛围不够浓厚。良好的环境和氛围有助于教师终身学习活动的顺利开展，从某项调查的结果来看，虽然大部分教师认为"合作能力"是教师终身学习能力的重要组成部分，但在实际工作和学习中，仍有近三成的教师不会主动与同事探讨教研课题。在回答"影响教师终身学习的主要因素"时，有近一半的教师认为自己所在学校终身学习的氛围尚未形成。

（四）教师资格制度实施中存在的问题

1. 国家教师资格申请标准问题

教师资格申请标准是指欲从事教育教学工作的人员在提出申请教师资格证书之前所要达到的基本条件。根据我国教师资格制度，获得教师资格证书是具备教师职业许可的基本条件。师范生经过学校系统的师范培训之后将免于教师资格考试，直接向教育行政部门申请教师资格证书；社会人员则要参加统一的教师资格证书考试，才可获得教师资格证书。

（1）对申请教师资格的社会人员的学历要求偏低

教师资格考试主要针对非师范背景的社会人员，申请之前需要申请者达到相应的申请标准。目前我国对教师资格申请的条件主要有四个方面：①必须是中华人民共和国公民；②能够严格遵守宪法和法律，对教育事业富有热情，对学生富有感情且具有良好的思想道德素质；③达到认定教师资格的体检标准；④符合《中华人民共和国教师法》（以下简称《教师法》）规定的学历要求。在这四个条件中，学历要求是硬性标准。学历代表一个人文化的程度和知识水平，教师的学历水平和平均受教育年限在一定程度上可以代表教师的知识水平和技能水平，是考察教师专业素质的一个重要指标。同时，国家教师队伍中高学历教师所占比重代表着国家教师队伍素质的高低。因此，教师资格制度中达到学历要求是获得教师资格的基础。

从世界范围来看，发达国家对教师学历的培养已经基本实现了大学化，对基础教育阶段教师的学历要求以获得学士学位为基础，并逐渐向研究生化方向发展。例如，美国各州规定小学教师必须具有学士学位；47个州规定中学教师至少应有学士学位，另外3个州和哥伦比亚特区规定中学教师必须有硕士学位。在加拿大和英国，中小学教师需要获得学士学位，并加上一年的教育教学培训；意大利对中学教师的学历要求更为严格，要求必须持有博士学位证书；日本的高中教师要获得硕士学位、取得一级教师证书才能被用人单位录用。即使是发展中国家如墨西哥、朝鲜等，对教师学历的最低要求也是大学本科。

（2）师范生培养模式有待改善

根据我国有关教师资格申请、认定程序及证书管理的规定，除学历证书、普通话水平测试等级证书、体检合格证明等常规材料外，师范教育类专业的申请人还应提交以下材料作为申请教师资格证书的前提：教育学、心理学等教育专业理论课程的成绩单或成绩证明；教育教学实习鉴定表；思想政治考核表。即一般情况下，无论师范生在校期间表现是否优异，理论和实践知识掌握程度如何，只要修完学校规定的课程和实习就可获得教师资格证书。

我国师范教育从20世纪90年代后期开始全面改革，逐渐从"定向型"的封闭式师范教育体制逐渐过渡到"非定向型"的开放式的师范教育体制。随之而来的是，越来越多的师范生开始关注学校当前实行的教育培养方案能否培养出复合型人才，以及能否提高师范生的从教能力、创新精神和综合素质等问题。目前，我国师范教育模式在课程设置体系以及教育质量上尚有待完善的地方。

（3）非师范生从业准备不充分

针对社会上申请教师资格的人员，只要在校期间所学专业与申请所教学科具有相关性，或者参加自学考试本科段2门主干课程的考试，并取得成绩合格证书，满足《教师法》规定的学历即可参加教师资格考试。多数申请考试者认为，教师资格证书考试难度较小，比较容易通过，自己即使在获得教师资格证书以后也不一定从事教师工作，教师资格证书只是帮助择业时多一个选择。对于自己的教育能力，他们也不能很好评估——由于之前完全没有接受过师范训练，他们在教学方法、教学语言、教师基本技能方面不能很快达到校方对招聘教师的需求，而这也是越来越多的中小学在招聘教师过程中明确要求应聘者第一学历必须为师范专业的原因之一。实践表明，教师的职前实习是提高教育教学实际能力最有效的途径，准教师从申请教师资格到成为正式在职教师只有经过1~2年的学校实习才能在入职后快速进入教师角色，胜任教师的工作任务和责任。现在，面向社会人士进行的教师资格考试完全不考虑其是否进行过教育实习，因此很多参加社会教师资格证书考试的人在获得教师资格证书之后仍被学校拒之于门外。社会教师资格考试的简单化，使教师资格证书在某种程度上失去它应有的意义，降低了社会人士申请教师资格的热情，进而给教师队伍带来人才损失。

2. 教师资格认证和证书管理有待规范

（1）教师资格认证机构的认证资格问题

教师资格认证机构主要负责对教师资格申请者的考核和评价工作。我国《〈教师资格条例〉实施办法》第三条规定，国务院教育行政部门负责全国教师资格制度的组织、实施和协调、监督工作，县级以上（包括县级）地方人民政府教育行政部门根据《教师资格条例》规定权限负责本地教师资格认定和管理的组织、指导、监督和实施等。实施办法第五条规定，依法受理教师资格认定申请的县级以上地方人民教育行政部门，为教师资格认定机构。

　　根据实施办法规定，教师资格申请者需要回到户籍所在地申请教师资格认证，资格认证的主体为县级以上的教育行政部门。有的地区教育行政部门会将教师资格认证工作授权给具有经验的专业团体。专业团体成员包括富有教学经验的教师和高等院校教育学院的专家团体。教师资格证书考试中的面试环节是教师资格认证中最主要的环节，申请者需要在半小时之内展示教学能力和应变能力。面试环节的评委虽然多是一些富有教育教学经验的教师，但是他们没有接受过专业面试培训，面试多不够专业，在评价过程中往往显得主观性较强，客观性不够，对申请者的评价不够科学、客观和公正。

　　（2）教师资格证书时效性问题

　　目前我国教师资格证书依然属于终身制，即不管申请者通过哪个县级或市级教育行政部门的认定，一旦获得教师资格证书就是终身受用，没有期限规定，这与其他国家实行的教师资格证书定期认证制度有本质上的区别。证书终身制不能确保获得教师资格证书的教师就一定能够胜任教育教学工作，教育行政部门也没有对此建立有效的考核与评估机制。即使教师在上岗之后教学工作和科研水平没有取得任何进展，只要不违背"弄虚作假"和"品格不良"这两项规定就不会失去教师资格，这样容易使一些教师对自己放松要求，懈怠于自身教育教学水平的提高，降低工作的积极性和继续学习的自觉性。世界上多数国家都没有对教师资格实行一证定终身的制度，并且对教师资格证书的有效期有具体的时间限制。如美国的教师资格制度规定，初任教师资格证书在3年内有效，而专业证书则需要5年更换一次。具体到各州，新罕布什尔州的专业教师执照每3年认证一次；内布拉斯加州相应的标准教师执照有效期为7年，专业教师执照有效期为10年；新墨西哥州的专业教师执照每9年更新一次。这样可以促使教师对自身专业知识和技术能力进行不断自我更新。我国的教师资格制度只是对教师资格申请者提出最低要求，教师资格证书也只是申请者达到教师资格最低标准的证明，并不能准确反映出教师从教时限与经历对教师专业化发展的影响，资源未得到最优配置，同时也给校方带来了压力。

三、我国基础教育面临的机遇与挑战

（一）我国基础教育面临的机遇

1. 向"智慧型校园"转型

"智慧型校园"不仅包括基础设施的数字化改造，而且包括教学内容、教学资源、教学活动等的智慧化组织，是物理环境与虚拟环境的整合，是智能化的教育生态系统。在"智慧型校园"里，教师能充分利用智能设备减少重复性的劳动，提高工作效率，节省出更多的时间进行自我更新和专业方面的提升；能利用人工智能设备使教学评价的手段更加多元，结果更加客观公正，甚至还能充分利用各种历史数据和过程性评价结果进行科学预测，有针对性地对学生进行学习活动优化和制定未来发展规划。在"智慧型校园"里，学生的学习不再是以识记已有的知识和经验等重复性劳动为主，而是不断打破原有的束缚，不断产生"新"的思想，也就是表现出更强的创造性；学生需要拥有不断学习的意识和能力，需要有利用智能设备来帮助自我提升自主学习的意识和能力。

2. 优质教育资源的共享更加便捷

在人工智能时代，技术的发展大大地降低了交易的成本，生产资料、生活产品和服务，以及文化和发展机会的共享成为可能，共享物质、共享文化、共享产品、共享服务等"共享经济"得以产生。"共享经济"通过数据和信息的及时处理，使工业时代无法发生的快速交易和资源充分利用得以实现，从而解决了过度投资、产能过剩等问题，提高了资源的配置效率，促进了经济的可持续发展。"共享经济"的发展必然会使教育领域也掀起共享热潮，共享教育资源成为时代背景下的新需求。当今时代，要促进教育发展，提高教育资源的利用率，在一定程度上，甚至比扩大教育资源投入更为有效。共享教育使教育资源的配置更加合理，在很大程度上提高了教育资源的利用效率。共享教育不仅为校内与校外的学习架起一座桥梁，打通了不同时段、不同学科或不同活动形式的教育，而且打通了不同地域教育资源的共享通道，在人工智能技术的支持下，不同地域、不同学校的学生可以共享优质教育资源，这势必会推动教育的均衡发展。

（二）我国基础教育面临的挑战

1. 基础教育人才培养目标面临的挑战

现代基础教育的人才培养目标不再是"知识至上"，而是与时代相应的"培养核心素养"。在基础教育阶段，教师精准有效地传授知识是社会和教师自身都认为最正确的事情，学生通过记忆、理解来掌握知识，并在需要的时候迅速再现知识是学生最重要的事情。总体上，我国学生对基础知识的掌握长期呈现"均值高"的特点，而"知识至上"等理念是导致校园内师生的重复性劳动过多的重要原因。长期以来，校园内表现出的现象就是，教师沉浸于传授既定的知识，批改大量的作业，学生通过不停地做练习以牢固掌握知识。这不仅使"智慧型校园"的"智慧性"没有得到体现，而且引发了一系列的问题，比如课业负担导致的中小学生视力、体质等整体下降，这些已经引起了人们的广泛关注。

教育是培养人的一种社会活动，这是教育的本质属性。现代化强国建设要求学校提供具有"现代性"的基础教育。2015年，联合国通过的《变革我们的世界：2030年可持续发展议程》描绘了现代基础教育的远景蓝图——确保包容和公平的优质教育，让全民终身享有学习机会。同年，联合国教科文组织发布的《教育2030行动框架》提出：教育系统必须与社会其他系统紧密结合，"回应迅速变化的外部环境"；教育系统内部必须相互关联，"为所有年龄段和所有教育水平的个体，提供多元和弹性的学习途径、入学点和再入学点"；为确保教育优质与公平，不仅要关注教育入学机会，而且要关注"学生入学后是否能学好并获得相关技能"。

很多国家和地区也都积极制定相关政策以促进人工智能和教育的深度融合。2016年，美国在《国家人工智能研究和发展战略计划》中提出为人工智能时代培养劳动力，不仅为未来培养劳动力，而且对现有的劳动力提供再培训的机会，使他们符合人工智能时代的要求。欧盟、日本等国家和地区虽然人工智能战略各不相同，但在基础教育阶段，人才培养目标都是"为人工智能时代培养劳动力"，不仅关注对培养对象认知能力的培养，而且关注对其非认知能力的培养。

随着人工智能时代的来临，现代基础教育的培养目标是对学生"价值观的塑造"，是要培养学生与人工智能时代要求相应的"核心素养"。这个核心素养的第一个要素是"创新"。人的价值在于创造，创造性与解决问题能力在人工智能时代被提到了一个史无前例的高度，学生创新意识和创新能力的培养成为重中之重。新经济本质上讲就是创新经济，基础教育需要实现重心的转移，转向"创新第一"。核心素养的第二个要素是"终身学习"。随着经济和社会的发展，人们逐渐认识到，人在不同的人生阶段有不同的学习需求，不可能一次性或在某一特定阶段就完成所有的学习任务，人们在参加工作后，甚至退休以后都需要不断地进行知识更新和技能提升，直至终老。核心素养的第三个要素是"认知能力和非认知能力"综合培养。在人工智能时代，人与人的关系是一个网，而不是一条线，不仅包含理性的利益关联，而且包含诸多的感性约束，而情感是人与机器最大的区别，沟通合作精神、责任意识等非认知能力也是未来公民必备的核心素养。

2. 基础教育阶段教学与评价模式面临的挑战

从1862年至今，我国基础教育实行班级授课制，教学和评价都基于班级授课制来进行。我国人口居世界首位，学龄儿童人数仅次于印度，在这样的情况下，扩大单位教师的教学对象数量，让每一位教师尽可能面对更多的学生，让更多的适龄儿童有机会接受教育就成了必然选择，班级授课制正好满足了这种需求。在班级授课制下，所有学生处于同一个学习模式，教师实施一致化教学，对结果进行标准化测评，这样做方便学校统一安排各科的教学内容和进度，使教学管理显得更加有秩序，也有利于教师将固定的教学内容循序渐进、扎实高效地传递给学生，充分体现"教书"过程要求和目标定位。但是，这样的基础教育教学模式是建立在机器大工业生产对产业工人的知识技能要求的基础上的，符合工业时代的生产力要求，与人工智能时代的人才需求有较大差异。具体来说，这种教学模式主要存在以下问题：①教学内容与未来公民的要求不完全吻合，与学生发展核心素养不能精准对接；②对教师和学生的评价往往以统一的结果性评价为主，诊断性评价、过程性评价较少，个性化的评价和指导更少。

第二节　基础教育课堂教学存在的问题

一、课堂教学方式方面存在的问题

教学方式是指为了完成教学任务，实现教学目标，教师和学生在课堂活动中所采用的手段。它由教师的教法和学生的学法两部分组成。灵活、多样化的教学方式能够激发学生学习的兴趣，是完成教学任务、提高教学质量的前提条件，也是培养学生正确的学习目的、推进素质教育的必要措施。

一些教师，尤其是一些老教师，不敢也不愿轻易尝试新的教学模式，导致教学模式固定而僵化，师生之间的互动和交流严重缺失。

另外，一些教师忽视了启发式教学方法的应用，没有给学生留出一定的时间和空间来分析和解决问题，学生发现问题、解决问题的能力得不到培养。

二、课堂教学目标设置方面存在的问题

（一）基本内容存在重叠与缺失

1. 三维目标内容（知识与技能、过程与方法、情感态度与价值观）间存在交叉

美国学者豪恩斯坦在重新界定教育目标分类领域时强调：教育目标分类必须具备互相排斥性，即各层级和子类之间不应该交叠重合，各个层级在意图和功能上应互相独立，便于区分。

在三维目标内容中，"知识与技能"和"过程与方法"领域均出现了"评价与反思"项目。事实上，"评价与反思"应属于"知识与技能"中的"元认知知识"。

此外，"过程与方法"目标中的"交流合作"和"参与探究"不仅仅是课程所倡导的过程或方法，而且关涉到其他目标的达成。更确切地说，"交流合作"和"参与探究"本身既是实现知识与技能、情感态度与价值观的过程或方法，也是与这两维目标并列的要达成的目标，所以"交流合作"和"参与探究"这两个项目与该维度中的其他项目并非并列关系，这两个项目与其他项目的关系问题有待于进一步商榷。

2. 缺乏对"自然"及"生态"要素的关照

当今时代，环境破坏把人类置于生存和发展威胁面前，随着生态主义理论的形成，关注自然环境及其需要以及生态平衡建设成为一个世界性的共同主题。过去，人类在战胜自然、适应自然的同时也经历了一些惨痛教训。为此，课程目标应大力加强"自然环境"要素的要求，增强学生对自然的认识和了解，教导学生学会与自然和谐共存的技能，培养学生尊重自然、热爱自然、保护环境的意识。同时，课程目标应增强学生对自我、社会、知识以及自然这个有机统一整体的认识，提高学生维护生态平衡的意识和能力，培养学生对生态系统的责任感以及与自然和谐共存、持续发展的积极态度，形成一种超越工业文明观与人类中心主义的生态文明观。

（二）层次结构存在混乱

1. 横向维度排列顺序不统一

在教学目标设置方面，即便严格按照三个维度安排课程目标，据此制定的课程标准也存在较大差异，如有的科目把"知识与技能"排为第一层面，把"过程

与方法"排为第二层面，把"情感、态度与价值观"排为第三层面，有的科目排列顺序正好相反。尽管制定课程目标需要考虑具体学科的特点，不能要求各学科绝对统一，但是如果它们相差甚大，则是不利于课程目标的规范的。在一定程度上，这些问题反映了人们对各维度目标之间关系的辩证认识不够深刻。

2. 纵向层次呈现格式不一致

课程目标呈现方式的不足还体现在中观和微观层次目标内容（主要涉及各学科课程标准中的"内容标准"部分）陈述的格式上。有的学科分学段陈述目标，如语文、数学等课程；有的分水平陈述，如体育与健康课程等；有的分等级陈述，如英语、俄语等课程；有的则按照主题分级陈述，如化学、物理等课程。各学科课程目标呈现格式相差甚殊，导致课程标准极不规范。

3. 缺乏整体构思

通过阅读各学科课程目标可以得出，不少目标三个维度间缺乏整体的构思，或者没有按照某种逻辑线路组织起来，条目撰写随意性较大，不符合教育目标分类学规则。

课程将"过程与方法"维度纳入"目标"框架，是符合教育学目的的。从一般意义来讲，过程是指事物进行或发展时所必须经历的活动程序，方法是指关于解决问题的门路与途径。由于"知识与技能""情感、态度与价值观"等目标的获得肯定要经历某种活动程序，并使用一些解决方法，因此，"过程与方法"与其他两个维度的目标并不相互排斥，三者并非在同一层面上说事。事实上，"过程与方法"目标具有十分重要的意义。但是，这一维度与其他两个维度的目标之间究竟是什么关系，这是值得反思的一个问题。

（三）叙写方式存在不当

1. 各维度目标的术语概念不一致

具体对比分析各学科课程目标可以得出，各维度目标中的术语表述相差甚殊。如"知识与技能"目标，有的称其为"知识"，有的称其为"知识与能力"；关于"过程与方法"目标，有的称其为"能力"，有的称其为"技能、能力"；关于"情感态度与价值观"目标，有的称其为"情感与态度、行为与习惯"，有的称其为"态度、情感与价值观"，有的则称其为"情感态度"。

概念术语是个体思维活动的出发点，制约着研究内容范畴的外延和内涵，各术语概念界定不一，必会成为人们理解课程目标内涵的障碍。

2. 有些目标的用语比较抽象

通过分析具体学科目标可以发现，有些学科课程目标的用词比较含糊、抽象，如"理解事物产生的过程""学会具体的方法"等，类似的语句在不同学科课程目标的表述上几乎完全一致。这样的课程目标过于形式化，没有体现出相应的学科特色，失去了一定的指导意义。

三、教学过程转变中产生的问题

（一）师生互动问题

师生互动是课堂教学中师生关系的一种基本行为状态。课堂教学中的师生互动，是指师生双方在一定的课堂教学环境中所发生的各种形式、各种性质、各种程度的心理相互作用或行为的相互影响，是师生双方以平等对话为基础，以认知互动、情感互动、价值互动为形式而进行的教学活动，使学生在获得知识的同时，能力得到提高，个性得到健康发展。

随着教育的不断发展，以往沉默严肃的课堂氛围已经发生了变化，课堂中师生互动的频次和力度都有了不同程度的提高。教师开始注重与学生直接的课堂互动，注重课堂提问，并鼓励学生积极回答问题，课堂氛围由此变得热闹。表面上看，这样的师生互动是一种进步，符合教育发展的要求，但是很多时候，教师是为了营造一种活跃的课堂氛围而刻意提问的，这样的互动其实效果有限，并不能达到课堂互动的初衷。课堂提问的问题需要具有思考的价值，需要学生在现有水平的基础上"跳一跳，够得到"，不应过于简单，也不应难度太大挫伤学生积极性。同时，教师要控制好提问的时机。课堂教学提问不能为了提问而提问，提问需要抓住时机，在学生思考的临界点提问，引导学生进行创新思考。

从教师层面看，课堂提问存在所提问题数量化、浅层化的问题。一方面，一些教师对课堂师生互动理解不到位，单纯地将师生互动理解为课堂上对于学生的提问，于是在课堂上抛出大量的问题给学生，鼓励学生回答，虽然学生在"热闹"的氛围中度过课堂时间，但是有时难以准确分辨重难点，有时又感觉逻辑不清。另一方面，有时教师的问题偏浅层次化，不能引起学生的思考，使学生深层次地钻研相关知识，也不能达到提问的目的。课堂互动的实质是为了促进学生的发展，而不应只停留在注重形式的层面。

从学生的角度看，课堂提问中主要存在以下几个方面的问题：①回答问题的机会不均等。虽然教师会提出很多问题给学生回答，但很多时候回答问题的同学是固定的一部分，那些积极主动的同学总是会积极主动地回答问题，而在教师的理念里，在挑选回答问题的同学时，也更倾向于选择这些积极主动的同学，因此，回答问题的机会对学生来说并不是均等的。②思考问题被动化。学生要思考的问题多是由教师引导、提出的，多是教师希望学生思考的问题，学生自己主动思考而产生的问题较少，因此学生的思考偏被动化。③学生主动提问太少。课堂上的师生互动不单是教师向学生提问，也可以由学生向教师提问，但是现在基础教育的课堂中，很少见到学生主动提问，学生的问题意识较弱，这是需要积极改善的。

除课堂提问外，课堂教学中教师给学生答疑解惑也是一个非常重要的环节。教师在进行试卷讲解时，会针对大多数同学理解不到位的题目进行讲解，但每个学生是具有个体差异的，学生在已有知识水平和认知能力方面存在着差异，教师很难照顾到全体学生。教师在针对学生提问解答时也是如此，很难照顾到每一个学生。

（二）课堂教学公平问题

课堂公平是指教师在课堂教学过程中公平公正地对待每一个学生。教师对学生的公平公正并不是要求教师平均地对待每个学生，而是在平等的基础上，根据每个学生不同的特点，用不同的方式平等地对待和教育学生。课堂教学公平主要表现在两个方面：一是课堂参与机会的均等，二是教师了解每一个学生，在课堂教学中有针对性地提出问题，因材施教，促进每一个学生的发展。目前的课堂教学中，大多数教师已有公平教学的意识，但是每个行政班级中人数偏多，教师的精力有限，很难完全做到课堂教学的公平。

四、教学主体适应中产生的问题

（一）教师适应"互联网+教育"过程中产生的问题

随着"互联网+教育"的不断发展，作为课堂教学的实施主体，教师面临着更具有挑战性的工作要求。在"互联网+教育"的背景下，教师不再是学生获取知识的唯一途径，学生可以通过互联网获取大量的知识，但这并不意味着教师可以轻松工作，相反，教师需要面对更高的工作要求，需要不断提高自己的知识水平，需要娴熟地掌握多媒体技术，并需要更多地关注学生的成长与能力的培养。如制作视频材料时，教师首先要具备信息筛选能力，确定主要内容与次要内容,其次要具备启发引导能力和理论联系实际能力,在材料设置中激发学生的问题意识。

由于"互联网+教育"提出时间较短等原因,一些教师在适应"互联网+教育"的过程中出现了如下问题。

1. 教学理念有待更新

在现在的基础教育中,部分教师的教育理念一经形成,便固定下来一成不变。有些教师对课程要求及教育的发展认识有误,导致教育教学理念存在偏颇,对"互联网+教育"这一新的教育形态被动接受,在教育教学过程中仍以自我为中心,以自己的经验为中心,没有发挥出互联网的作用。例如,在制作网络视频课程时,一些教师依旧按照传统的教学方式讲解,很少进行情境创设、学习策略的指导等教学设计,很少有针对协作学习的组织与引导,教学内容方面基本上是课堂内容的重复,没能发挥出网络视频课程的作用。

2. 多媒体课件的制作及使用有待改进

多媒体投影教学在语言表达、情境创设等方面有着明显的优势。①多媒体教学课件可以通过多种不同的形式来呈现知识,课件制作时可以根据不同课程的不同要求,合理有序地将文字、声音、影像、图像及动画等多种表现方式组织起来,使课堂教学生动形象、直观易懂。②多媒体教学可以充实直观地展示知识材料,有利于直观地突出教学内容的重点、难点,优化课堂教学,使要讲解的知识一目了然。③优秀的多媒体教学可以激发学生的想象力,激发学生课堂参与的积极性。④与传统板书相比,多媒体形式可以避免教师板书字体潦草等情况,利于准确地将课堂知识呈现。⑤课件的提前制作有助于节省课堂教学中的板书时间,为课堂教学争取更多的有效时间,有利于课堂互动持续顺利进行。

受教育信息化的影响,在基础教育课堂教学中,多媒体教学已广泛使用,但在多媒体的制作和使用的过程中出现了一些问题。

(1)课件制作方面的问题

"互联网+教育"注重多媒体课件的作用。多媒体课件的制作,原本是为了让学生更清晰、更高效地学习和掌握新的知识,但是在现在的基础教育课堂中,由于一些教师对课件制作原则与理念的理解出现偏颇,在课件制作中出现了一些问题。

①在课件制作方面"穿新鞋走老路"。一些教师在课件制作时仍旧照搬书本知识,课件的制作只是单纯地将书本知识照搬到课件上,将原来写在黑板上的板

书转变为"电子板书",这样的"知识搬运"并不能很好地发挥多媒体课件的作用。

②制作课件时本末倒置。一些教师由于对"互联网+教育"背景下课件制作理念存在问题,认为课件制作一定要十分华丽才能体现课件的价值,于是在课件制作时过于注重课件表面的华丽,忽视了本该重视的课件内容。他们在制作课件时大量使用复杂而华丽的背景图片,甚至大量使用动画、视频等,最后制作出来的课件虽然引人注目,但是形式上过于华丽。这样的课件会喧宾夺主,淹没课件的内容,分散学生的注意力,弱化课件使用本身的目的。

③课件制作得过于简洁。一些教师由于对课件作用理解不到位,课件制作得过于敷衍,在课件内容方面,甚至不能完整有序地涵盖课堂所要教授的知识。敷衍的课件更像是为了达到"互联网+教育"的要求而进行的一种形式。

④与第③种情形完全相反,一些教师制作出的课件内容信息量巨大,完全淹没重点。由于制作课件的过程中可以通过互联网找到大量的相关信息,于是一些教师在制作课件时对信息不加取舍地复制,然后再粘贴到课件上。在授课过程中,过多且无重点的信息会对学生造成困扰,学生需要耗费时间和精力来对知识进行分辨和取舍,给学生造成学习的负担。除此之外,过多的信息和有限的课堂时间,会让教师在讲课的过程中加快讲解的速度,导致很多知识学生并不能很好地理解或是内化吸收,进而影响学生的学习效果。

(2)课件使用方面的问题

在课件的使用方面,由于一些教师对"互联网+教育"本质理解得不够透彻,造成对课件的使用认识存在误区,主要表现为过分夸大多媒体课件的作用,对多媒体课件可以发挥的作用抱有过高的期许,认为多媒体课件的使用必然会带来优质的课堂。此类认识误区导致在课堂教学的过程中,无论何种类型的课程,教师都以多媒体教学为主。然而现在的课程里包含了很多活动课程,活动课程具有高度的开放性、灵活性和互动性,并没有十分严格的程序或步骤,多媒体在此类课程中所能发挥的作用较弱,这种情况下如果仍以多媒体教学为主要的教学方式是不利于实现课堂教学目标的。

3. 教学方法使用有待进步

随着教学理论的不断发展,合作性学习被越来越多的教师运用于课堂,但在"互联网+教育"背景下使用合作教学法时,出现了一些问题。

一方面,部分教师对"互联网+教育"的本质和合作学习的认识不足,没有认识到合作学习的本质,生硬地将合作学习完全等同于小组学习,但有些类型的课程不适合讨论学习。另一方面,在适合合作性学习的课程里,小组里每个学生分工负责一个方面的问题，讨论的过程中每个人可能很热闹地参与其中，但是很多时候学生只掌握了自己负责的那部分知识；在派出代表总结小组讨论的内容时，常常是固定的同学代表大家发言，更多的学生像是旁观者；教师对多媒体应用得过多或过少，不能很好地发挥其作用。

（二）学生适应"互联网＋教育"过程中出现的问题

1. 课堂参与的不适应

积极有效的课堂参与对中小学生课堂知识的掌握非常重要，"互联网＋教育"提倡学生积极有效的课堂参与。实践过程中主要存在以下两个方面的问题。

①学生盲目的课堂参与。在课堂教学过程中，学生虽然以积极主动的态度参与到课堂中，但是很多时候更像是一种"凑热闹"性质的盲目参与。学生过于注重自己参与的形式与参与的过程，没有清楚地认识到课堂参与与知识掌握的关系，本末倒置，没能很好地掌握知识。

②学生参与性方面的另一个主要问题是被动参与。一些课堂环节与学生的预期和设想并不相同，甚至有的环节学生并不喜欢，常常是处于被动参与的状态。学生是课堂教学中学习的主体，长时间被动参与会让学生在发挥主动性方面懈怠。被动参与的课堂通常不能引起学生的兴趣，与主动参与相比，学生被动参与时掌握课堂知识的效率偏低。

2. 自主性发挥失当

"互联网＋教育"的课堂教学，给了学生更多发挥主体性的空间，课堂教学过程中课堂越来越大程度地还给了学生，且随着"互联网＋教育"的发展程度不断加深，有的中小学已经规定40分钟的课堂教学中，教师的授课时间不能超过15分钟，其余时间都要交给学生。面对这样的转变，学生获得了极大的课堂主动权。面对自主发挥的空间，有些学生还未转变过来，也有些学生对课堂自主权的理解有误，自律性差，在发挥自主性时把握不好自主性的程度。

五、课堂教学评价中产生的问题

（一）评课主体组成不合理

在课堂教学评价方面，有的学校在评课时通过互联网终端进行评价，但评价时评课人员由上级领导教师、资历较深的专家教师以及其他同事组成，没有收集学生对课程及任课教师的评价。事实上，学生是课堂教学的另一个主要群体，是

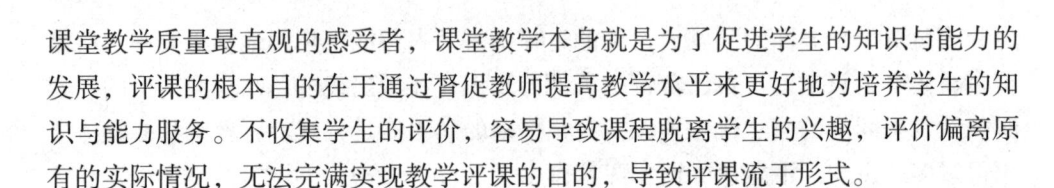

课堂教学质量最直观的感受者，课堂教学本身就是为了促进学生的知识与能力的发展，评课的根本目的在于通过督促教师提高教学水平来更好地为培养学生的知识与能力服务。不收集学生的评价，容易导致课程脱离学生的兴趣，评价偏离原有的实际情况，无法完满实现教学评课的目的，导致评课流于形式。

（二）评课过程交流的单向性

虽然互联网技术在不断发展，但是不少学校内部互联网评课系统还不够完善。评课时评课人员通过互联网系统对上课教师的课堂教学进行评价，这样的评价过程基本上是单向的，评课人员单向输出自身的想法与感受，上课教师单向接受建议与意见。无交流的评课有时会造成一些理解上的偏颇，甚至可能会导致上课教师听过课程评价后在课程理解上出现混乱，不利于上课教师的进步和课堂教学水平的提升。

（三）课堂教学评价使用目的与初衷不符

课堂教学评价，初衷是为了督促教师改善课堂教学质量，提高课堂教学水平，而非以鉴定为目的来评判教师讲课水平的优劣。在实践过程中，课堂教学评价目的容易被扭曲。事实上，在一线的课堂教学评价中，以鉴定为目的的评价活动为数不少。以鉴定为目的的课堂教学评价，容易导致学校内部人际关系紧张，同时导致教师关注评价结果的好坏高于关注自身课堂教学的优缺点。

除此之外，基础教育阶段对教师的课堂教学进行评价，很多时候是为了完成教研任务，有效性较低。一些学校规定，每个月同一学科的教师之间需要互相听课、评课几次，各科教师为了完成学校布置的任务而各自分配任务轮流讲课接受评价。不少教师将听课和评课当作教学任务，在讲课和评课时都不够专注和投入，尤其是在评课时，评课教师会因为同事之间的关系而只评论优点，缺点只提及一些"无关痛痒"的部分。这样的评课有效性偏低。

第四章　基础教育质量管理与教学管理的有效策略

　　加强和改进教学质量管理是提高基础教育教学质量的一个核心问题。必须树立全面的教学质量观，实施全面的、调控激励的和改革创新的管理策略，才能有效提高教学质量。

　　本章分为基础教育质量管理的有效策略和基础教育教学管理的有效策略两节，主要包括基础教育质量管理相关概念、基础教育质量管理的改进策略、基础教育教学管理中存在的问题、基础教育教学的有效管理策略等内容。

第一节　基础教育质量管理的有效策略

一、基础教育质量管理相关概念

（一）质量

　　为了明晰基础教育质量的含义，我们有必要先对"质量"概念进行界定，以明晰质量的多种属性。"质量"在多个学科中有所应用。在物理学研究中，质量是指物体的一种性质，是指该物体所含物质的量，是度量物体惯性大小的物理量。在经济学和管理学中，质量是一个涉及生产目的和生产过程两者之间关系的基本概念。

　　为了给"质量"下一个清晰的定义，我们有必要从不同学科角度来界定"质量"概念。从语义学的角度看，"质量"一词的含义相对而言比较清晰，它主要是指事物的优劣程度。《汉语大辞典》将"质量"界定为"事物、产品或工作的优劣程度"。《现代汉语大辞典》将"质量"界定为"产品或工作的优劣程度"。《朗曼现代英语词典》将"质量"界定为"优秀的等级或程度"。从哲学角度看，"质"是指事物在性质上区别于其他事物的内在规定性；"量"是指事物存在的规模、运动的速度、发展的程度等，它表现为数量的规定性。事物之间的质的差别，造成了世界的无限多样性。一方面，任何质都是具有一定量的质，没有量就没有质；另一方面，质又制约着量，不同质的事物具有不同的量和量的界限。因此，对质的判断和对量的把握，是认识事物的基本前提。我国著名经济学家汪丁丁认为："就经济思想史而言，质量这一词语，其实应当是一个单字——质（qualities），且应当以复数形式出现。"

系统地研究"质量"概念可能最早始于工商管理领域，如国际标准化组织（ISO）认为质量是一组固有特性满足要求的程度，并把它定义为"实体满足明确或隐含需要能力的总和"。

美国质量管理专家朱兰在《质量控制手册》中将质量界定为适用性（fitness of use）。适用性是指产品和服务在其使用过程中成功地满足用户需要的程度，它普遍适用于一切产品和服务。

日本质量管理专家石川馨认为，质量反映顾客的满意度，顾客的需要是不断变化的，因此对质量高低的判断也是不断变化的，高质量就是满足顾客不断变化的期望，实施质量控制的目的在于制造出能满足顾客要求的高质量水平的产品。

美国质量管理专家克劳斯比认为，人们必须对质量有一个准确的定义，质量就是符合要求标准。克劳斯比指出："一辆奔驰汽车符合了它的各项要求标准，就是一辆高质量的奔驰汽车，同理，一辆福特汽车符合了它的各项要求标准，就是一辆高质量的福特汽车。在企业中，要求标准必须明确地予以表达，以确保其不被曲解，此后，人们须持续地测量，以确保产品符合这些要求标准。凡是有不符合要求标准的地方，就表明质量有欠缺，这样，质量问题就转换成了是否有不符合要求标准的问题，质量概念就清晰了，而且质量是可测量的。人们谈论生活质量，就要客观地制定出生活的要求标准，它可能包括：国民收入水平、国民健康水平、国民识字水平、政治运行状态、环境污染治理效果，以及其他可以评估的事项。一旦人们清晰地界定了这些要求标准，所谓生活质量才能成为一个有实际意义的概念。"

美国全面质量管理理论的提出者费根鲍姆指出："产品或服务质量，是指营销、设计、制造、维修中各种特性的综合体，借助这一综合体，产品和服务在使用过程中能满足顾客的期望。"

哈佛商学院的教授戴维·加尔文具体描述了质量的五个维度：①从基于认识的质量的角度看，质量是一种直觉的感知，只可意会不可言传；②从基于产品的质量的角度看，质量存在于产品的零部件及特性之中；③从基于用户的质量的角

第四章 基础教育质量管理与教学管理的有效策略

度看，顾客满意的产品具有好的质量；④从基于制造的质量的角度看，符合设计规格的产品具有好的质量；⑤从基于价值的质量的角度看，物超所值的产品具有好的质量。

一些国际组织也对"质量"概念进行了界定。国际标准化组织在不同标准中对"质量"进行了不同的界定。在ISO8402：1986中，质量是指产品或服务满足规定或潜在需要的特性的总和。在ISO8402：1994中，质量是指反映实体满足明确和隐含需要的能力特性的总和。而按照ISO9000：2000标准，质量是指一组固有特性满足要求的程度。（固有的是指事物本来就有的；特性是指可区分的特性；要求包括明确的要求和隐含的要求，要求可由不同的相关方提出。）可见，国际标准化组织对"质量"的定义包含三层含义：①质量所研究的对象是实体。实体可以是产品，也可以是活动或过程，还可以是组织、体系和人以及以上要素的各种组合。②要求可分为明确的要求和隐含的要求。在许多情况下，要求随着时间和环境的变化而变化。③特性是指实体所特有的性质，它反映实体满足需要的能力。欧洲质量组织认为：质量是产品或服务能够满足既定需求的能力的整体特质和特性。

我国一些学者也对"质量"进行了概念界定。张根保指出："所谓狭义质量，是指仅仅从用户的角度去看质量……所谓广义质量，是指不仅从用户的角度去看质量，还应从制造者和社会的角度去理解质量。"

中外教育界对"质量"概念的理解非常丰富。比如，安心通过梳理把质量观归纳成八大类：不可知论观、产品质量观、替代观、达成度观、内适性质量观、外适性质量观、绩效观、准备观。有学者从不同主体的"满意度"维度出发把质量分为内部质量、社会质量、工作质量、服务质量等。杨德广非常关注"社会质量观"，他认为"毕业生满足了社会某一方面的需求就是教育质量"。莫迪则认为，就教育领域里的质量而言，它从某种意义上来说可作为"卓越"的同义词。我国还有学者总结出了国外学者不同的质量观，如目的适切性观、符合消费者的愿望和需求观、价值增值观等。

上述质量观从不同的角度揭示了"质量"概念的本质内涵。从学校课程活动与教学活动展开的逻辑顺序来看，我们更倾向于选择"起点—过程—结果"相整合的视角，即认为质量既与起点的初始状态有关，也与活动的过程密切相关，而结果仅仅是质量活动效果表现的最终状态。

事实上，从"起点—过程—结果"相整合的视角理解"质量"概念的中外学者为数不少。戴维等人认为，质量是一种不断变化的状态，它不仅指产品和服务，而且包括过程、人员和环境等。赵中建认为，质量就是"一种与能满足或超过期望的产品、服务、人员、过程和环境等相联系的动态的状态"。也就是说，质量一方面取决于影响质量的静态要素，如人、财、物等（注：此处偏指其静态属性），另一方面也与动态的过程有关，即它不是一成不变的，而是随过程和环境的变化而变化的，是一个动态的状态。陈玉坤认为："质量是教育的利益相关人对学校人才培养活动过程及其结果的期望，它不是一种客观存在的'实体'，而是一个与主体需要密切相关的动态概念。"

基于上述分析，质量在本质上是一种静态和动态相结合的状态。它既是一种"状态"，也是一种"过程"。也就是说，最终结果不仅取决于初始状态，也与过程相关。

（二）管理

管理是人类社会特有的一种现象，它存在于社会生活的各个领域，是对社会活动的管理，是人类社会共同生产劳动和社会活动的必然产物。要弄清楚"什么是基础教育管理"，就必须首先弄清楚"什么是管理"。学术界从不同的角度对"管理"做了许多说明，但至今尚未有一个公认的科学定义。

综合界内的研究，我们可以简单地将"管理"的定义概括为以下四种：①管理是通过组织与协调人们的共同活动收到个人单独活动所不能收到的效果，并配置有限的资源，以实现预定目标的过程。②管理是管理者按照一定的科学原理，通过各种管理手段，领导和组织人们去实现共同的目标所进行的一系列职能活动。③管理是通过计划、组织、领导、控制及创新等手段，结合人力、物力、财力、信息等资源，以期高效地达到组织目标的过程。④广义的管理是指应用科学的手段安排组织社会活动，使其有序进行，对应的英文是 administration 或 regulation。狭义的管理是指为保证一个单位全部业务活动而实施的一系列计划、组织、协调、控制和决策的活动，对应的英文是 manage 或 run。

根据上述解释可以看出，管理具有以下基本属性：管理是管理者与被管理者共同的社会实践活动；管理过程是管理者与被管理者双向交流、互相影响的动态过程；管理是有目的、有意识的活动；管理的基本目的是达到其构成要素各自单独所不能达到的综合功能和效果。

（三）教育质量

目前，国内外对"教育质量"的争议较多。

在国外，目前尚未有一个公认的"教育质量"的定义，不同学者从不同的方法论角度研究教育质量，得出不同的结论和看法。

艾斯丁认为，教育质量是学校的声望等级、学生成果、可得到的资源、学生的发展或增值。

莫迪认为，教育质量是合理的高标准、类型或特点、卓越程度。

库姆斯认为，教育质量是教育如何适应在特定环境与情景下学习者当前和将来的需要，还涉及教育体系本身及构成教育要素（如学生、教师、设备、设施、资金）的重要变化，以及目标、课程、教育技术和社会经济、文化、政治环境等。

美国高质量教育委员会对"教育质量"的定义是：每个学习者无论是在学校还是在工作岗位都应在个人能力的极限上工作，并把这种极限推向更高，高质量指的是一个学校或学院为全体学生规定了高标准和目标，然后，想方设法协助学生达到这些目标。

米亚拉雷在1985年提出，教育质量的一般性定义应强调两个方面：一是通过一般的或具体的教育表达的社会期望，二是教育过程的实际特征以及在学习水平上所观察到的变化。

在国内，学者们对"教育质量"的理解也没有统一。

有学者认为，教育质量是指学生获取的知识、技能、价值观与人类和环境的条件及需要相关的程度。

也有学者认为，教育质量是"学校根据国家教育方针政策的要求，为满足特定的社会和学生发展的需要而确立的教育目标，设计、组织、实施的旨在实现这一目标的教育活动达到的预期效果的度量"。

此外，我国的《教育大辞典》对"教育质量"的解释是"教育水平高低和效果优劣的程度。其衡量标准是教育目的和各级各类的培养目标，教育质量的高低最终体现在培养对象的质量上"。

可见，"教育质量"并非一个内容与标准固定不变的概念，而是一个与特定的社会主体相联系，随社会的发展而变化的动态概念，反映人们对教育活动结果的期望。一般来讲，教育质量包含三个方面内容：①教育"产品"或教育活动过程、服务的优劣程度；②教育活动过程、服务是否符合国家教育标准，教育"产品"是否符合国家教育目标；③教育活动过程、服务和"产品"是否使受教育者和社会满意。也就是说，应当把外适性质量观、内适性质量观和个适性质量观结合起来考虑，教育质量要与时俱进，既要遵循教育发展规律，又要满足社会需要，还要考虑学生个体发展需要。

因此，究其实质而言，教育质量主要是指评价者对教育活动所产生的结果是否达到既定教育目标、是否满足教育"客户"需求以及达成程度所做出的肯定性的价值判断。它不仅体现了教育目标达成与主体需求的满足的统一，而且体现了时代与社会所赋予的一种内在的规定。

（四）基础教育管理

教育管理是一种管理，而基础教育管理是教育管理的一种，是管理学在基础教育教学中的实际应用。基础教育管理，作为我国行政管理和教育相交叉的领域，是指基础教育管理者通过组织、协调基础教育队伍，充分发挥教育人力、财力、物力、信息的作用，利用基础教育内部各种有利条件，高效率地实现基础教育管理目标的活动过程。基础教育管理分为基础教育行政管理和学校管理。

教育是一种社会现象，它存在于一定的社会环境之中，社会环境中各个因素对教育的存在与发展起着激励或制约的作用。管理科学就是研究管理活动的科学，适合于社会生活的一切领域，自然也包括教育领域。不过，教育管理又有自己不同于其他行业管理的特点。基础教育管理就是把教育和管理结合起来，研究如何按照教育的客观规律来管理基础教育领域，对影响基础教育质量和效益的各个要素进行规划、组织、指导、协调和控制的科学。

（五）基础教育质量的内涵及表现

基础教育质量是指基础教育活动及其结果能够满足社会及受教育者的需求的特性的总和。这个概念包括三层意思：①相对于某种计划或标准体系而言的符合程度；②相对于社会与受教育者的需要而言的满意程度；③相对于基础教育的理想追求而言的基础教育工作或其产品的优劣程度。

基础教育质量具体表现为基础教育领域的各种教育活动及其结果在适用性、稳定性、经济性和可塑性等方面的能力特征的总和。

基础教育质量要重视其基础性的特点。这是基础教育的根本性质和任务所决定的。除此之外，人们在理解基础教育质量的概念时，应该注意该概念的时代精神。为此，人们应该特别注意以下四点。

1. 基础教育质量是面向全体的质量

基础教育的基础性决定了基础教育是每个人参与社会生活的根本前提。基础教育质量是面向全体受教育者而不是少数或者大多数学生的质量。这就要求学校教师能够以高度的社会责任感来对待每个学生的学习，保证学生能够达到基础教育的质量目标。

2. 基础教育质量是突出主体的质量

人的主体意识、主体精神是现代社会的灵魂。基础教育的使命是要帮助个体成为真正意义上的主体，即促进主体的主体化过程。人在社会实践中，是认识世界、建设世界、创造世界的主体，这是从整体意义而言的。从个体意义而言，有的人一辈子可能都没有成为真正意义的主体，即没有实现主体的主体化。一个人是不是实现了主体化的最重要的标准是其主体意识的觉醒、主体精神的养成和主体智慧的发展，即一个人从一个自由之人转变成为一个自觉之人。主体化是一个人终身的事情，而早期的教育在促进个体的主体化过程中起着关键作用。

为此，在基础教育阶段，受教育者就应当成为学习活动的真正主体，与教育者一同构建学校学习生活，而不是教育者代替受教育者选择学校生活乃至社会生活。所以，评价基础教育的质量应该主要看学生在学校学习活动中的表现，看他们的独立性、自主性、自律性，也就是说，要看学生的主体意识、主体精神和主体能力的发展。

3. 基础教育质量是着眼于基础的质量

着眼于基础的质量，这是整个基础教育质量的主轴。基础教育必然是着眼于基础知识、基本能力、基本品德、基本人格的教育，也就是养成基本素质的教育。因此，对基础教育质量的衡量不能好高骛远、拔苗助长，一定要抓住"四基"，使受教育者在做人和做事（学习、劳动）方面能够打牢基础。

4. 基础教育质量是立足发展的质量

基础教育只是个体一生中的一个发展阶段，基础教育并不是一个人教育的终结。在当今越来越强调终身教育的时代，教育者必须用发展的眼光、站在未来社会发展的战略高度来思考基础教育的质量问题。基础教育质量应当是适应个体和社会未来发展的质量，而不是相反。所以，基础教育的使命是将学生引进门、送上路，而不是越俎代庖、包办一切。发展是硬道理，同样也适合于评价基础教育的质量。

（六）基础教育质量的基本分类

1. 广义的基础教育质量和狭义的基础教育质量

日本质量管理专家石川馨认为，人们如何解释"质量"这个术语很重要。一种解释是狭义的解释，认为质量是指产品质量；另一种解释是广义的解释，认为质量是指工作质量、服务质量、信息质量、过程质量、部门质量、人员质量、系统质量、目标质量的总和。广义解释其实就是全面质量的解释。

张根保认为，所谓狭义质量，是指仅仅从用户的角度去看的质量，即要求产品的需求满足度、可信性、安全性和适应性高。有时人们将质量狭窄地理解为产品的精度。所谓广义质量，是指不仅从用户角度看的质量，而且包括从制造者和社会角度去理解的质量。

到目前为止，广义质量概念已经越来越为人们所接受。依据狭义质量和广义质量的范围的不同，狭义的基础教育质量是指基础教育产品质量。从人才培养的角度看，基础教育的根本目的是多出人才、出好人才。从这个意义上讲，基础教育产品主要是指学校培养的学生的数量和质量水平。广义的基础教育质量是指基础教育各个层面的质量，包括基础教育领域的工作质量、服务质量、信息质量、过程质量、部门质量、人员质量、系统质量、目标质量等。

2. 基础教育产品质量和基础教育服务质量

在经济学和管理学的研究和实践中，人们往往将质量分为产品质量和服务质量两个方面。产品质量具有多个维度。哈佛商学院的戴维·加文提出著名的八个质量维度划分方法，用来描述产品质量。这八个维度是性能（performance）、特征（features）、可靠性（reliabilities）、一致性（conformance）、耐久性（durability）、可服务性（serviceability）、美感（aesthetics）、感知质量（perceived quality）。性能是指产品达到预期目标的效率。特征是指用来增加产品基本性能的产品属性，包括蕴含在产品之中的许多新花样。可靠性是指产品在设计的使用寿命期内，一致地完成规定功能的能力。一致性是一种最传统的质量定义，通常在产品设计时，人们会将产品的性能量化，而量化的产品维度被称为规格，质量是符合规格的程度。耐久性是指产品能忍受压力或撞击而不出现故障的程度。可服务性是指产品易于修复。美感是指一种主观感觉的特征。感知质量是指以顾客感知为衡量标准的产品属性。

服务质量也具有多个维度。服务质量维度比产品质量维度更难厘定。服务具有更多样的质量特性。三位来自A&M大学的市场营销教授——帕拉苏拉曼、蔡特哈梅尔和贝里，提出了著名的服务质量维度。服务质量维度包括有形性（tangibles）、服务的可靠性（service reliability）、响应性（responsiveness）、保证性（assurance）、移情性（empathy）、可用性、专业性、适时性、完整性、愉悦性。其中，有形性涉及服务设施、设备、人员和材料的外表。服务的可靠性涉及服务提供者可靠地、准确地履行服务承诺的能力。响应性是指服务提供者帮助顾客并迅速提供服务的意愿。保证性是指员工所具有的知识、礼节以及表达出自信与值得信任的能力。移情性是指顾客渴望服务提供者能设身处地为顾客着想，努力满足顾客的要求。

教育组织像其他组织一样，要使用资源来生产产品，并把产品提供给外部的消费者。教育是一个投入、生产和产出的过程，它意味着将受教育者培养成为当今世界需要的人。与物质生产相比，我们通常不用生产、产出这样的词语来表述教育问题和教育活动，但是，教育系统提供的产品是值得人们为之付出并可依照社会标准来进行判断的。萨利斯指出："什么是教育的产品，这有许多不同的可选择的答案。通常学生会被提及，似乎他们符合产品这个角色。在教育中，我们常常将学习者视为产出，特别是考量机构的外显绩效时。"基础教育是培养学生的过程。基础教育的产品是使学生发生的变化。

基础教育可被视为一种服务。对学生来说，教育是一种服务，是通过教师、课程、教育教学设施和设备等向学生提供的一系列教育服务。美国著名教育心理学家加涅指出："教育是一项以帮助人们学习为目的的事业。"萨利斯指出："服务通常是提供者与最终使用者之间的直接接触。服务直接由人对人进行。顾客跟提供服务的人之间有密切的关系。服务跟提供服务的人或者接受服务的人密不可分，每次互动都不一样，而互动的质量有一部分是由顾客决定的。"

程凤春认为，教育服务质量特性体现在五个方面：①功能性。功能性是指教育及其结果能够很好地发挥应有的功能和作用。②文明性。文明性是指学校满足消费者精神需求和追求高尚精神境界的能力。③舒适性。舒适性是指让消费者感到舒适、舒服的能力。④时间性。时间性是指教育提供者在时间上能够满足消费者要求的能力。⑤安全性。安全性是指学校保证消费者的生命和财产不受伤害和不受损失的能力。

3. 基础教育投入质量、基础教育过程质量和基础教育产出质量

教育是一个投入、生产和产出的转化过程。中国台湾教育学家林文达指出："生产过程因素分类法将教育资源及其分配方式分成投入、历程及产出等三类。投入因素是指原始资源在未经过教育组织与技术调配而进入生产程序之中的一切因素。历程因素是运用投入以获得产出的各种配合技术和组织，不同投入的组合方式便会有不同的产出。产出是指生产的另一端，是教育生产的标的物，也是生产历程控制的结果。"

如果把基础教育理解为一个投入、生产和产出的过程，那么对于培养学生来说，基础教育的投入、生产和产出是同样不可缺少的重要因素。而对不同的主体

而言，基础教育质量的含义是不同的。对学生而言，基础教育质量应该被理解为基础教育的投入、生产和产出的特性均能满足学生要求并使学生满意的程度。对于家长来说，基础教育质量可界定为教育投入、生产和产出的特性满足家长需求并使家长满意的程度。家长虽然也关注教育的生产过程，但是他们更关注产出的数量和质量。从家长追求好的教育结果看，他们关心自己孩子的学习成绩，希望子女学业有成、前途远大。政府更关心的是学校教育提供的产出特别是毕业生的数量和质量。政府部门的管理者希望学生成为有文化、有道德的合格的公民和建设者。但是，由于政府也肩负着为公民提供教育机会的责任及确保学生受到公正对待的责任，所以政府在关注教育产出的同时，也关注教育生产过程的公平性和效能的高低。用人单位和高一级学校更为关注教育产出，即受过教育的学生的能力水平。在他们眼里，基础教育质量主要是教育产出特性满足要求的程度。对于用人单位和更高一级学校来说，基础教育质量主要通过教育产出的变化来体现。

（七）基础教育质量管理的概念与特点

1. 基础教育质量管理的概念

基础教育质量管理是指基础教育质量管理主体在一定的教育质量观的指导下，通过对基础教育的活动计划、活动过程和活动结果的质量控制，以达到确保基础教育活动过程及其结果实现预期的质量目标的一系列管理活动。

基础教育质量管理包括政府及其教育行政部门、政府授权的其他机关对基础教育的质量管理和基础教育组织自身的教育质量管理两个层次。

基础教育质量管理是全面贯彻党和国家的教育政策和策略，执行《义务教育法》等相关法律法规的重要保证，同时也是达到预定的基础教育质量标准的基本前提。没有科学可行、严格规范的基础教育质量管理，就没有基础教育质量的保证、提高和增进。因此，基础教育质量管理是影响国计民生的重大社会管理工作。我们应把它当作促进中华民族的整体素质提高的战略要务来落实。

2. 基础教育质量管理的特点

基础教育本身包含着学前教育、普通初等教育、普通中等教育等三个不同学习阶段的教育，每个阶段都有自己独特的教育使命和质量标准，因此，不同阶段在教育质量管理上也有不同的要求，体现出内部质量管理的差异性。总体而言，基础教育质量管理具有以下四个特点。

（1）国家主导性

基础教育是民族素质的奠基工程，是整个教育之塔的塔基，基本上属于国家法律规定并依靠国家权力予以保证的义务教育的范畴。因此，其质量必须由国家来予以保证，体现出质量管理过程的明显的国家主导性特征。基础教育的国家主导性特征具体表现在以下几点。

①基础教育的教学计划、课程标准、质量评价准则等必须由国家制定并依靠政府的力量确保实施。由于基础教育是培养国民的基本素质的教育，也是按照法律规定每个人应该接受的最基本的教育，则个体不论其家庭经济条件、宗教信仰、民族、性别等如何，都应该接受基础教育。所以，国家有义务和责任保证其质量。

②基础教育的投资主要应该由国家来保证。义务教育的重要特征就是免费。既然法律规定每个个体都应该接受义务教育，则国家就必须保证适龄者不会因为缴不起学费而辍学。否则，由于社会上家庭收入差异的客观存在，贫困家庭可能的确没有支付能力而不能保证其子女的入学权利。在这种情况下，只有实行国家确保基础教育投入的体制，才能确保每个适龄者的入学权利，也才能保证义务教育阶段学校设施的质量。

③基础教育的教育者的任职资格和工资福利应该由国家来保证。基础教育的受教育者处于人生发展的初期，其社会生活经验相对缺乏，学习能力和习惯都处在养成的阶段，在这种情况下，基础教育的质量与师资质量关系很大。只有使中小学教师的社会地位（工作环境、工资待遇和社会福利等）能够产生足够的吸引力，才能保证优秀的人才到中小学任教，才能保证基础教育师资的整体质量。

（2）标准基础性

基础教育的主要任务是培养受教育者的基本知识、基本能力、基本道德和基本人格，养成其基本素质，为其继续发展和参与社会生活奠定基础、做好准备。因此，在基础教育质量管理过程中，应该使标准能够为所有受教育者适用，即每个人都达到的基本要求。这种标准的基础性特征，为在基础教育领域实行国家规定的教育质量标准提供了可能。这种标准只规定每个受教育者应该达到的最基本的质量要求，而不是只有少数受教育者经过千辛万苦才能达到的精英质量标准。

除由基础教育的主要任务决定外，基础教育质量标准的基础性特征也是由我国的国情所决定的。我国是一个发展中国家，处于社会主义社会发展的初级阶段。我国人口众多，是世界上人口最多的国家，确保每个适龄者都受到良好的基础教育是一项规模宏大的工程，且我国幅员辽阔，各地区之间、城市与乡村之间存在着巨大的发展差距，因此必须因地制宜地推进基础教育质量工程。由此可见，在制定基础教育质量标准的过程中，制定者应该充分考虑到地区差异、城乡差异、贫富差异、个体差异等各种差异因素，从而使基础教育的质量标准是按照经济学上的"木桶原理"（木桶装水是以最短的一块木板的高度作为限制条件的）来制定的，目的是所有地方经过努力都能够达到。

（3）对象全面性

基础教育质量管理是对基础教育的所有活动及结果、所有要素及要素的所有方面进行的全面管理，包括一切教育者、受教育者共同参与的各种教育教学和管理活动的过程和结果，因此，具有质量管理对象的全面性特征。

基础教育质量管理对象的全面性首先是教育对象的全面性。基础教育是每个适龄者应该接受的教育，虽然我国目前实行的是九年制义务教育，高中阶段仍然属于非义务教育阶段，但是，随着我国经济的发展、社会的进步以及国民整体文化素质的提高，整个基础教育都将可能成为义务教育的范畴。即便在目前，我国的教育方针政策已经把面向全体学生作为基础教育的一个基本原则来加以强调，要求必须把促进每个学生的全面发展作为基础教育的基本目标。这已充分说明基础教育的质量是全体受教育者的质量。

（4）质量综合性

基础教育的质量，就教育体系而言，是指基础教育各个方面的质量；就受教育者而言，是其品德、知识、智能、个性等各个方面的全面协调发展的质量。因此，基础教育的质量具有质量综合性特征。

基础教育虽然是整个国民教育体系的一个组成部分，但是其本身又包括了各个子系统。例如，就学生的培养而言，基础教育包括了德、智、体、美、劳等各个方面的教育，相应地就包括了这些方面的教育质量；就教育质量管理的主体而言，基础教育包括了各级政府及其教育行政部门对基础教育进行管理的质量，也包括了中小学和幼儿园等基础教育组织自身对教育质量的管理和控制；就教育质量管理的过程而言，基础教育包括了教育计划、教育过程和教育结果的质量；就受教育者而言，基础教育包括了其政治思想、道德品质、文化知识、能力水平、个性品质、身体机能等各个方面的情况。正是从这个意义上讲，基础教育质量具有综合性的特点。

二、基础教育质量管理的改进策略

基础教育质量管理的改进是一个复杂的系统工程。各个地方面临的问题不同，因此，改进基础教育质量管理的策略也有所差异。

第四章　基础教育质量管理与教学管理的有效策略

（一）创建一流的师资

高质量的教师队伍是支持高质量基础教育发展的关键。优秀的教师不仅具备丰富的知识，而且可以因材施教，引导学生成才。

1. 严格的教师选聘

让优秀的人培养更优秀的人，已经成为世界各国的共识。教育质量较高的国家对教育行业的从业人员都有严格的选聘条件，目的是让真正热爱教育、有批判性思考、学业表现出色且具有较强教学潜能以及乐于奉献的人才进入教师队伍。这些国家大多建立了严格的教师任职资格及入职标准，由知名大学或更为严格的研究型大学提供教师培养课程。芬兰从排名前1/4的大学毕业生中招聘新教师，其录取比例仅为10%。申请者除了提供高中平时成绩、课外活动以及高中毕业考试成绩，还必须参加瓦卡瓦（Vakava）入门考试，旨在评估申请者是否具备批判性思考和评估教育科学论据的能力。新加坡国立教育学院负责招聘教师，由包括现任校长成立的小组从排名前30%的高中毕业生中招聘教师。仅1/8的申请者有机会被录取，被录取学生将免学费并领取月津贴。申请程序非常严格，面试侧重于优秀教师应具备的个人素质，并对候选人学习成绩及对学校和社区的贡献进行深入调查。新加坡重视让校长招聘教师，因为管理者认为，错误的招聘决定可能会导致40年的教学质量下降，这不仅关乎学校的成功，而且关乎教育系统的成功。事实证明，只有高标准、严遴选，才能从入口端提升教师队伍的整体水平。

2. 有效的专业指导

有效的专业指导是促进教师终身学习和不断获得专业成长的基本方式。在教育质量较高的国家，重视上岗培训、支持同行学习等成为教师专业发展的重要策略。在这些国家，教师从申请到加入教师队伍的全过程，都有机会得到教育管理机构指定的、训练有素的导师的指导服务。初任教师的工作量通常会减少，例如，新加坡的初任教师仅需完成80%的工作量。而新加坡教师一旦开始职业生涯，每年将参与100个小时校本的教师专业发展活动。近些年，在加拿大不列颠哥伦比亚省，教师专业发展主要基于探究式专业学习网络。在该模式中，"探究协调员"为学校教师，他们会领导教师定期开会了解和解决教师教学中的问题，一般将其10%~20%的教学时间用于领导专业学习网络。

为了应对信息技术快速发展及社会发展的各种不确定性因素，支持同行学习越来越成为教育质量较高国家提升教师能力的重要策略。2020年，韩国启动了线上"同伴支持计划",将全国范围内的志愿者教师与请求支持的同伴教师联系起来,共同努力建立在线教室或在线课程。同样,爱沙尼亚建立了校本教育技术人员网络,帮助同行教师以创新的方式整合技术。芬兰学校鼓励教师之间合作研修,支持同伴学习的"导师—教师"网络。在"导师—教师"网络中,导师负责开发新的技术并将其应用于教与学,通过一对一和小组支持的方式提升同行技能。尽管这些国家的策略各不相同,但每个国家都信任由教师充当专家,并在迅速发展的在线教学空间中领导同行。

3. 科学的职业规划

打破职业壁垒,搭建教师职业晋升"立交桥",为教师个体职业规划和发展提供各种可能性,是教育质量较高国家并不外显但极为重要的特征之一。教育质量较高国家为教师设置了各种发展路径,促使他们运用专业知识改善教与学,同时投身于令人兴奋的教育事业。例如,新加坡每年针对多个胜任力指标评估教师的表现,其中包括对学生的学业和品格发展的贡献、与家庭和社区团体的合作以及对同事和整个学校的贡献,并经过三年的教学与评估,帮助教师找到最适合他们发展的三种职业道路,即教育教学路径、教育领导路径、高级专家路径。韩国在实施教师能力发展评估时,由同行、学校领导、学生和学生父母评估教师绩效,并基于评估结果制定个性化的专业发展计划,评估结果最优秀的教师有资格获得一年研究假期,而评估结果不太理想的教师可能需要参加一定数量或某种类型的专业培训。

4. 优厚的薪酬待遇

没有足够优厚的薪酬待遇,通常吸引不来优秀的教师从业者。提高教师地位和待遇是教育质量较高国家的普遍做法。教师地位和待遇高也是这些国家师资队伍的一个基本特征。芬兰、韩国、新加坡、加拿大等国的教师收入及待遇在全国各行业中都是可观的。例如,新加坡教师的社会地位与医生和律师相当,同时为了确保教师行业的竞争力,新加坡教育部关注其他行业人员工资,并适时对教师工资进行相应调整。在韩国,教师是最受年轻人欢迎的职业选择,社会地位高、工作稳定且薪酬高,拥有15年经验的教师的工资超过受过同等教育的其他行业人员的工资。在日本,教师是受人尊敬的职业,第二次世界大战后,由于担心教师短缺,时任首相下令教师的薪酬要比其他公务员高30%,尽管这种差距在过去的几十年中有所缩小,但根据法律规定,教师在公务员中的工资仍然相对较高。

（二）更新教育质量观念

更新教育质量观念，就是要根据时代发展的要求，改变人们头脑中长期以来已经习以为常的，但是又与现在和未来社会对基础教育质量要求不同的教育质量观念，树立新的适应社会发展的基础教育质量观。

首先，要树立着眼于培养公民的基本素质的教育质量观。换句话说，人们要从基础教育的根本任务出发，充分认识到基础教育的主要目标就是为提高公民的基本素质打下坚实的基础。公民的基本素质是指社会的每一个公民，无论是科学家、大学教授、律师、政府官员还是工人、农民、军人、个体工商业者等，都应该具备的最起码的素质，如基本的道德修养、文化知识、生活技能以及身体素质等，这些素质是广泛通用、适合全体公民的。同时，人们要清楚地认识到，今天的中小学生，是我国未来社会的建设者。若干年以后，他们必然会进入社会，承担其社会责任。他们的基本素质如何，直接决定着若干年以后社会主要群体的整体素质的高低。

为此，基础教育必须把重点摆在全面提高受教育者的基本素质上。全面提高受教育者的基本素质，至少包括以下两层含义：①每个受教育者的素质都要提高，而不是少数人或者大多数人的素质提高，因为只有所有的受教育者的素质提高了，国家才能真正发展，社会才能真正进步。②提高受教育者的全面素质，而不是提高其某个方面或几个方面的素质。

其次，要树立面向时代发展的基础教育质量观。当今社会处在不停变革之中。在变革中，机遇永远与挑战并存。只有那些能够瞄准时代、紧跟时代、适应时代而且善于驾驭时代的人，才能成为时代的中坚力量。所以，基础教育的质量最终要体现为所培养的人才是成为顺应和推动时代发展的人还是时代落伍者和绊脚石。我们只有在受教育者接受教育的过程中才能够帮助他们养成关注时代的习惯，培养他们的社会适应能力。培养出能够适应时代发展、驾驭生活的人才，这样的教育质量才是人们希望的教育质量。

最后，要树立国际化与本土化、统一化与多元化的基础教育质量观。我们现处于一个经济全球化的时代，国家与国家之间、民族与民族之间的相互作用与相互影响日益明显。且我国地区发展不平衡，同时又是一个多民族的国家，导致各地有不同的教育基础，各民族有自己独特的教育传统。同时，城乡差别的存在也要求进一步提高教育的适应性和针对性，使基础教育与本地区的经济、社会和文化发展能够良性互动。这就要求一方面把国家的统一质量要求贯彻下去，另一方面又要结合各地的实际，把教育质量工作落到实处。因此，基础教育质量管理必须树立国际化与本土化、统一化与多元化相结合的基础教育质量观。

（三）完善教育质量标准

制定和完善基础教育的质量标准是改进我国基础教育质量管理工作的重点。教育质量能不能提高，很大程度上取决于是否有科学可行的教育质量标准。

我们可以考虑在课程标准的基础上逐步制定中小学的课程质量评价标准、中小学教育质量评价标准等内容，确保教育质量管理工作、评价工作、认证工作和监督工作都能够有章可循、有法可依。通过基础教育质量标准的制定和改进工作来引导学校的教育教学工作，可以促进基础教育的整体质量得到提高。

（四）加强教育质量控制

教育质量控制是教育质量管理的真谛。没有控制，就谈不上管理。所以，从控制论的观点看，任何管理过程都是一个可控的活动过程。科学的教育质量控制体系，是教育质量的坚强保证。

加强我国基础教育质量控制，一方面要进一步转变政府教育管理的职能，特别是各级教育行政部门应该按照基础教育质量管理的国家主导性特征，切实履行政府在基础教育质量管理的重要责任，着力抓好本地区的基础教育质量工作的规划与落实工作，加强对学校教育质量工作的领导。政府的教育督导机构要进一步理顺关系，调整重点，通过与教研室、教育研究院的资源重组和制度创新，切实加强对学校教师的业务指导和质量评价工作，及时了解学样的教育质量状况，共同研究改进措施，把教育督导转变为"导教"的状态。加强我国基础教育质量控制，另一方面要注意建立和健全学校的质量保证体系，强化学校的教育质量管理责任制的落实，以确保学校教育质量工作能够不断改进，教育质量能够逐步提高。

此外，基础教育质量管理应充分发挥国家质量技术监督部门、社会中介组织、其他社会组织和学生家长在教育质量管理中的重要监督作用，通过教育质量认证、教育质量监督工作来加强对基础教育质量的控制。

（五）提高教育质量水平

基础教育质量的改进归根到底要落实到教育质量水平的提高上。如果教育质量的水平不能得到提高，那么一切管理措施都变得毫无意义。

在如何提高基础教育质量的问题上，国内外有不少经验可以借鉴。

第四章　基础教育质量管理与教学管理的有效策略

从国内来看，有的地方采取了"拓展优质教育资源，带动落后教育资源"的办法来提高基础教育的整体质量，有的地方通过"强化教育教学研究，推动教育教学改革"的策略来提高教育质量，有的地方通过"调整教育布局，重组教育资源"的措施来达到提高教育质量的目的，也有的地方通过"重视教师的继续教育，优化教师队伍结构，提高教师队伍的整体素质"来提升本地的基础教育质量。

从国外来看，一些国家的经验值得我们学习和思考。美国为了提高基础教育质量而采取的十项措施对我国基础教育质量的提高具有一定的启示。美国所采取的十项措施是：①重视实施早期教育；②尤其强调阅读和数学；③实行助教制度；④重视教师的选聘和继续教育以提高教师质量；⑤缩小班级规模，实行小班教学，促进因材施教；⑥针对美国中小学生较其他国家学习时间偏少的状况，适当增加学生的在校学习时间；⑦强化教学评估，改进教学过程，加强质量监控；⑧充分利用博物馆等社会教育资源，扩大学生的知识面；⑨鼓励家长尤其是父亲参与教育活动，形成教育合力；⑩重视创建新颖的学习环境，提高学生的兴趣和注意力。

（六）完善学校教育质量监督体系

1. 强化监督队伍建设

为保证学校教育质量监督体系不断完善，学校要完成监督队伍的建设，提高监督管理队伍的工作水平。监督管理队伍需要重视学生信息的收集和反馈，将校内的教务部门当作基础教育管理的核心部门，正确完成校内基础教育质量监督的咨询、指导，为完善基础教育质量监督体系打好坚实基础。

①学校需要积极发挥校长、教导主任等的领导职能，让其实质性地加入质量监督小组，并建立学校管理部门的统一保障体系，使该体系能充分使用学校的管理制度，稳定学校教育管理秩序。学校还需要积极建设教学管理的各个环节，保证基础教育管理框架的完善化，严格管理教学秩序与考风考纪，为完善基础教育质量监督体系建设坚实后盾。

②学校需要积极完善校内基础教学督导小组的建设，充分发挥督导小组的引导、监督作用。督导小组需要由校内一些教学经验充足的高级教师组成，他们可以经常参与公开课的活动，针对性地提出一些改善基础教学质量的建议与评价，积极检查其他教师的教学设计方案，为校内基础教育质量监督提供有效帮助。

③学校还应当积极建设教学信息员队伍。该队伍主要由学生组成。小学内部基础教育质量监督可以暂时不考虑这一队伍，但是中学、高中必须建设教学信息

员队伍。教师需要和班级内的学生进行商量，选出一个认真负责的学生专门负责对基础教学的内容与质量进行评价。选出来的这些学生存在特殊身份的原因就是为了及时记录基础课程教学过程中的具体情况并向学校的教务处反应，教务处也需要按时收集教学信息员搜集的信息，并根据信息中透露出的问题选择合适的解决方式，以保证基础教育质量监督体系能充分发挥作用。除此之外，学校需要定期对基础教学质量相关问题进行分析，深入了解学生对基础教学的想法，以保证学校的基础教育质量监督体系不断完善。

2. 建立健全教学管理规章制度

①学校需要贯彻落实教学检查制度的相关内容。教务处应当按时开展基础教学检查活动，全面了解校内的基础教学情况。一般情况下，学校的基础教学检查多半分为三个阶段——学期初、学期中、学期末，学校在这三个阶段对基础教学质量进行检查，能有效了解基础教学安排、教学活动质量以及考试效果，还能将三个阶段的基础教育质量进行合理对比，为完善基础教育质量监督体系提供相关数据。

②学校需要建立有效的教师教学评价制度。现在，大部分学校及教师都较为重视学生的教学主体地位，因此，由学生来对教师的教学情况进行评价，能较为充分、全面、科学地了解教师教学的具体情况。学校需要注意的是，评价内容需要涵盖教师教学的各个方面，其中包括课堂设计、教学活动安排、教学模式等。在学生正式参与教师教学评价之前，学校需要对学生进行一定的科普，使其明白该评价制度的重要性，避免出现乱评现象影响教师个人发展乃至影响整个基础教育质量监督体系的完善。

3. 发挥学校教学管理主体作用

年级教导主任应当负责本年级的基础教学质量监督工作。校长需要安排专业人士收集教学督导员、教学信息员递交的信息，并将其进行整合分类，保证这些信息资料能够为分析基础教育质量影响因素提供有效信息，以便于寻找解决问题的合理方式。教务处需要及时与校长、年级教导主任对相关完善方式进行商议讨论，保证整个基础教育质量监督体系不断完善。

学校的教师与学生在完成基础教学活动的过程中应当积极交流沟通，教师需要及时了解学生反馈的意见与建议，以促进师生和谐关系的建立，并提升教学质量。教师之间也应当进行相互评价，以方便管理者从教师角度了解校内的基础教育质量，及时解决基础教育质量监督体系中存在的问题。

4.建立并完善基础教学质量监督约束、激励机制

①学校需要贯彻落实教学质量监督约束制度，保证有效管理。只有这样，才能更好地克服影响基础教育质量的相关因素。学校必须坚持自身的教学管理原则，并不断优化教学评价内容和实施方式，避免基础教学管理在长期的运行中被逐渐表面化。同时，学校应当公正对待每一位教职工与学生，将基础教学管理制度与基础教育质量监督体系进行有效结合，从而提升整个学校的教育竞争力。

②学校可以配合一定的激励机制来进行教育管理。一味地使用严格的监督管理方式只会让教师与学生逐渐对学校教育产生疲惫心理，此时配合一定的激励机制，能使校内师生保持参与基础教育质量监督与管理的兴趣。因此，学校需要充分结合师生的心理需求设置基础教育教学目标，并辅以质量监督与激励机制，从而完善基础教育质量监督体系。

第二节　基础教育教学管理的有效策略

一、基础教育教学管理中存在的问题

（一）教学管理理念比较落后

现在我国很多学校的基础教育教学，受到以往教学管理理念的影响比较大，在对学生进行管理的时候，还存在以成绩为依据管理学生的情况，这种管理方式本身就比较陈旧和落后，会在一定程度上束缚学生的思维，给学生创新能力的发展带来严重的负面影响，使教学管理的优势很难发挥出来。出现这种情况的原因在于，学校在进行教学管理的时候，建立的评价管理体系缺乏有效性和科学性，并没有真正地做到以人为本。比如，在开展学校评估、教学管理和教师教学工作的时候，以人为本的理念并没有得到很好的落实。

（二）素质教育质量很难真正提高

在基础教育教学阶段，素质教育得到了很好的普及，无论是学校还是教师都已经逐步地认识到了开展素质教育的重要性，但是由于教学影响因素比较多，很多学校素质教育的开展目前还浮于表面。一些学校在开展教学工作的时候，由于教学体系不够科学，教学内容不够丰富多彩，直接导致了素质教育的效果不够理

想。另外，有些学校的素质教育正处于尝试阶段，在较短时间内素质教育质量很难真正提高，这也是教学管理效率较为低下的重要原因之一。

（三）教学管理手段科学程度不够

一方面，一些学校的教学管理存在较为严重的形式主义。在进行教学管理的时候，为了能够将教学改革成果更好地展示出来，一些学校的管理者喜欢通过开展示范课和公开课来更好地展示学生和教师的互动。虽然这种方式看起来比较稳妥，但是表演成分比较明显，真实性严重不够。另一方面，为了能够更好地落实教学管理，大部分学校会不断地细化以往的制度，让制度更加符合标准。虽然这样能将制度的作用发挥出来，但是也会给学生的个性发展和教师在课堂上探索创新造成明显的限制，程序化比较严重。长此以往，刻板的规章制度的存在也会给学校未来发展造成极大的影响。

二、基础教育教学的有效管理策略

（一）全员参与基础教育教学

教育不仅是教育工作者的责任，而且是家长和社会的责任。在现代教育中，我们要树立全员参与教育教学的意识，改变"教育只和学校有关"的思想。

从国外优秀的管理案例来看，学校教育和家庭教育是有联系的。一方面，教育教学管理由校方承担责任，管理人员和教师有责任对学生进行教育管理。另一方面，家长需要参与到教学管理中来，配合校方形成内外监督机制，为学生提供一个全面的教学保障。对于小学生而言，该阶段他们各方面正处在发展时期，如果不对其进行有效引导，就会错过塑造他们的最好机会。

社会各方力量也应积极参与到教育教学中，为提升基础教育水平做出贡献。

（二）重视教学管理理念的改革

学校需要从实际出发，重视对其他学校先进管理经验的借鉴，全面考虑学校的实际情况，将学校的风格和特色体现出来，不断地对教学管理的理念进行改革，建立和学校发展相符的教学管理体系。在这个过程中，学校绝对不能生搬硬套其他学校的管理经验。

学校应当将以人为本的理念真正地落实到工作中去。学校可以组织教师接受培训，给新老教师更多的互动机会，鼓励教师开展教研活动，切实提高教师自身的实践和理论能力。学校同时应该全面考虑教师的实际情况和相关需求，认识到不同教师之间存在的差异,提出个性化较强的培养方案,帮助教师提高专业能力,将教师的教学积极性调动起来,让教师发展得更加专业和与时俱进,更好地适应基础教育教学管理创新和内容创新的需求。教师无论是在教学还是在管理的时候,都必须认识到学生是教学和管理的主体,对每位学生都要做到公平和公正,帮助学生提高探索创新精神及能力。

教育主管部门可以组织培训或提供学习机会,帮助学校管理人员提升教学管理理念,以更好地促进基础教育的发展。

(三)创新我国基础教育管理体制

1. 加大权力结构及管理层级的优化力度

①对于基础教育管理组织结构进行不断优化,使之发展趋于扁平化,从而促使信息准确传递。组织结构的扁平化发展不仅可以使基层工作人员的主动性、积极性以及创造性得到充分激发,而且对于权力重心的下移有一定的促进作用,对于外界形式的变化也可以给予迅速的反应。②对于教育部门的职权进行优化以防止教育职能的膨胀,将高度集权的教育现状彻底打破,使之满足新层级的管理需求。③强化学校办学的积极性与主动性,不断提高教育服务质量,从而激发社会力量参与办学的热情。

2. 改善管理体制,不断促进教育公平

相关部门应努力改善地区教育之间以及城乡教育之间的不均衡状态,不断加快城乡教育资源统筹规划的步伐。在农村地区及西部欠发达地区加大教育资源和资金投入,不断改革决策权体制,不断促进教育公平。

3. 引入竞争机制,建立科学的教育评价体系

在传统教育管理体制的影响下,基础教育效率较低,而且教育资源浪费较为严重。针对此情况,相关部门可制定措施,合理、科学地引入竞争机制,如提倡、鼓励发展民办教育,允许学生自由选择学校,根据生源的情况来决定教育拨款的数目等。适当的竞争才能使学校重视学生的主体地位,认真办学,不断提高办学质量。除此之外,相关部门应指导学校不断完善教育评价机制,从实际需求出发,规划、制定出科学的、合理化的评价机制。

(四)提高教师自我管理意识

基础教育教学管理从教学中产生,最终还是要回归于教学,并服务于教学。学校可以通过提升教师自我管理的意识来提高教师的教学水平和教学质量,从而

打造出专业的教师队伍。

在基础教育教学管理中,学校要加强对教师素质和职业能力的培养,使教师提高自身的管理意识,不断发展充实自己,提升个人的教学水平和能力。只有提高教师自身的管理意识,才能为学生提供更好的教育,为社会培养更加优秀的人才。

教师在提高自身职业能力时,不能只依靠传统的校外学习方式,这种方式容易造成学校师资力量匮乏的现象,同时还会导致学生学习脱轨。学校可引入先进的教学模式,如通过聘请专家进行专题讲座,开展学术交流会、研讨会等,从而达到提高教师自我管理意识的目的。

(五)重视教学管理方式的改革和创新

学校要想做好教学管理方式的改革,需要重视发挥教学资源的作用,切实提高教学有效性,确保教师和学生都能够在这个过程中得到成长。一方面,校长作为教学管理的策划者和领导者,在教学管理中的作用非常重要,这就要求校长主动深入课堂中去,对学生进行全面了解,掌握最新的教育动态,这样才能够确保决策方案的科学性,将以人为本的理念更好地运用到教学管理中。另一方面,学校必须重视学生综合素质及创新能力的提高,认识到教学创新改革的重要性,将各种管理方式运用起来,调动教师的教学积极性,提高教师的教学水平,从而更好地满足学生的实际需要。

(六)注重教育教学的管理质量

教学质量的好坏与管理质量的优劣有很大关系。管理者在教学过程中一定要加强管理,注重管理质量。传统的教学只注重学生成绩,忽视学生的全面发展。在讲课过程中,教师一般采用照本宣科的方式,课堂中缺乏和学生的互动,导致学生学习一直处于被动地位。这样就容易使学生产生厌学心理,降低教育教学的管理质量。

在提升教学质量的过程中,教师要做好教学管理和创新工作,要改变传统的呆板教学模式,根据学生的思维特征采取新颖的教学方法。比如,通过小组讨论形式、智力游戏、演讲比赛等一些具有激发性质的类型进行教学,旨在提高学生的学习兴趣。另外,学校要注重教师的整体评价,要改变以往终结性质的评价,要将评价贯穿在教师教学的始终。这样才能真正了解到教师的教学质量,才能推动管理水平的提升。比如,不定期检查教师布置作业情况、学生习题辅导情况;定期抽查教师的备课记录,考查学生的综合表现,对学生进行摸底调查等。

（七）构建"以人为本"的基础教育教学管理模式

1. 树立"以人为本"的教学管理理念

学校想要构建"以人为本"的教育教学管理模式，首先要做的就是树立起"以人为本"的教学管理理念。而实现这一目标具体要从以下两点做起：①学生是教学的主体，所谓的"以人为本"在教学管理过程中主要体现为"以学生为本"的教学管理模式的创建。②在"以人为本"教育教学管理中，同样强调"以教师为本"，要充分注重教师在教学过程中参与的意识创造。

2. 构建"以人为本"的教学评价机制

在基础教育教学过程中，极为重要的一个环节就是教学评价，它对基础教育教学的改革以及发展具有监控、甄别、选拔以及改进等许多重要的作用，因此学校"以人为本"的教育教学管理模式的构建，前提是学校必须构建一套科学、健全的符合自身实际发展情况的人本化教学评价机制。在传统教学评价机制中，人们更加注重的是对教师的教学技能的评价，而缺乏对教师的道德素质、文化素养以及人格力量和奉献精神等方面的评价。这往往使教学中的教学评价机制的作用得不到充分发挥。而"以人为本"的教学评价机制的构建，就是要确立一种和学校实际情况相符、与科学发展观相适应的一种评价标准，以此来营造一个宽松的教学环境，从精神以及物质等方面入手，激励广大教师，激发其从事教学工作热情。就学生的评价而言，"以人为本"的教学评价，强调的是摒弃过去我们过于重视课业成绩的评价模式，而加强对学生道德素质、动手能力以及创新精神等的评价。

3. 创造具有共同价值观的学校文化

文化是一定的群体在一定时期内通过长期的生活和发展逐渐形成的一种特定的思想、理念、社会价值观以及行为准则等的整合。可以说，文化是支撑人类发展、进行社会改造的内在动力。在教育教学过程中，学生的个性发展以及学校各项规章制度等，深受文化的影响。因此，学校积极创造既能够反映学生整体精神面貌又具备社会共同价值观的学校文化，已成为学校实现教育改革的一个新的生长点。它不仅能够使学校实现对管理对象积极性的激发、思想及行为等潜移默化的影响，而且还是学校实现师生改善心态、陶冶情操及增强凝聚力的保证。

（八）合理利用各方力量做好基础教育教学管理

对基础教育教学管理质量造成影响的因素比较多，而教师、家长以及学校领导往往对基础教育教学管理的认识不够清晰，甚至认为教学管理的主体是教师和学校领导，不需要家长参与。这种思想在国内很多学校都比较常见，它不利于基础教育教学管理有效性的提高。而国外学校在进行基础教育教学管理的时候，不但比较重视校内的管理，而且比较重视校外监督机构和家长的参与，重视教师、家长和其他机构成员之间的联合，从而有利于基础教育教学管理更好地开展。我国基础教育机构也必须认识到运用各方力量的重要性。在开展基础教育教学管理的时候，学校必须转变以往校长主导、教研组和教导主任执行的方式，要让家长更好地参与进来，提高教师、家长和学校沟通的有效性，确保家长能够及时地了解学生在校的表现，并且保持师生沟通，它能够帮助教师更好地了解学生在家的表现，这些对基础教育教学管理更好地进行非常重要。

第五章　新时代基础教育改革发展趋势及问题思考

随着我国基础教育改革的深入发展，借鉴国外基础教育的改革经验及发展趋势，解决我国基础教育发展中存在的问题是我国当下发展基础教育的重要任务。本章分为新时代我国基础教育改革的发展趋势、21世纪国外基础教育改革的发展趋势、对新时代基础教育改革若干问题的思考三节，主要包括全面推进素质教育、重视基础教育的均衡发展、关注基础教育的质量与公平、重视基础教育课程与教学改革核心素养问题、教育公平问题等内容。

第一节　新时代我国基础教育改革的发展趋势

一、全面推进素质教育

全面实施素质教育是基础教育改革与发展的根本任务。实施素质教育要以培养学生的创新精神和实践能力为重点，并重视德育培养。受教育者的思想品德素质如何，在很大程度上决定着素质教育的成败。因此，全面实施素质教育，必须针对不同年龄段学生的特点，调整和充实德育内容，增强德育工作的针对性、实效性和主动性。具体来说，全面实施素质教育，可以从以下几个方面着手。

（一）抓课程改革

实施素质教育，必须有一个与此相适应的课程体系。在课程内容的选择上，要精选学生终身发展必备的基础知识和基本技能，要从学生的经验出发，注重联系社会的发展、联系学生的生活实际。

（二）抓评价制度改革

长期以来，我国的教学评价机制主要发挥的是鉴定与筛选的作用，注重评价学生对认知事实的掌握、巩固、储存、再现并借之进行解题运算的能力，并往往以考试等方式作为评判学生的主要手段。这种评价机制的缺陷在于没有尊重每个学生各自的已有经验、知识水平与认知起点的差异性，没能兼顾学生在知识、能力、情感、方法等方面实现多层次的发展。课程改革要求评价制度也应进行配套改革。教育评价改革的根本目的是"建构发展性教育评价新体系，促进每一位学生的发展"。评价的功能应转向于发展与促进，以促进被评价者的发展为本，并根据评价结果提出反馈意见，从而凸显教育评价的促进功能。

（三）抓教师队伍建设

推进基础教育的改革与发展离不开一支素质优良、结构合理、富有活力的教师队伍。教师作为改革的实践者，成为教育改革成败的关键，因此提高教师素质成为当务之急。就教师而言，要适应基础教育的发展趋势，就需要多加学习，转变调整自身角色。首先，教师要认真学习教育理论，特别是素质教育、创新教育和基础教育改革等方面的理论，转变传统的教育思想和观念。其次，教师要调整自己的角色，改变传统的教育教学方式。从学校角度而言，学校要为教师提供进修和继续教育的机会，加强校本培训，立足于本校特色，促进教师的专业发展。

二、重视基础教育的均衡发展

教育均衡发展是指受教育者接受相同数量和质量的教育，其基础是教育资源配置的均衡。义务教育阶段是基础教育均衡的重点。教育的普及、综合国力的提升、居民生活水平的提高，在为提高教育质量提供良好的物质基础的同时，也对现有的教育质量提出了挑战。均衡发展基础教育特别是义务教育成为当务之急。基础教育均衡发展对于"深化基础教育改革，全面提高基础教育质量，满足全体人民群众特别是所有青少年儿童的基本学习需求，促进教育公平乃至社会公平在基础教育领域内的充分实现"，具有十分重要的意义。

基础教育的均衡发展应该是一种可持续的发展，它是一项复杂的系统工程，既涉及基础教育内部的各个环节和因素，又牵扯到社会的配套工程。因此，均衡发展与其说是一种发展目标，不如说是一个"发展过程"；与其说是一种教育发展目的，不如说是一个"促进基础教育发展的途径"。具体来说，要推进我国的基础教育均衡发展，可以从以下两方面着手。

（一）实行教育法治建设

随着教育体制改革的不断深入，教育领域内的问题日趋复杂。教育法治建设不仅有利于提供公民平等的受教育机会，而且能够保障教育处于我国社会主义现代化建设中的重要位置，能够为提高国民素质创造条件。依靠法治来管理基础教育发展事业能够避免经验办学和权利管理的一些缺点。我们应该使教育事业有法可依，加快建立监管制度和制定与教学质量相关的法律，并且要为教育体系提供法律保障，及时修订完善过时的规章。

教育发展在推进地区经济社会全面、协调、可持续发展的全局中占有战略地位，各级政府应该认识到教育均衡发展对建设和谐社会的价值和作用——建设和谐社会、经济进步的整体框架的重要条件就是教育均衡。用法治建设来保障基础教育均衡，有利于发挥各级政府、学校、家庭、社会的力量，形成合力，促进基础教育的发展。

（二）实行强校带弱校

基础教育均衡发展是重点学校和普通学校走向良性互动的开始。基础教育均衡和建立示范学校之间并非冲突，在社会主义初级阶段，我国应该把焦点放在"怎么建好示范学校"的问题上，而不是"应不应该建示范学校"的问题上。我国是发展中国家，优质的教育资源还是较为稀缺，所以重点学校应是教育事业发展的重点，我们应该从如何强化它的辐射功能深入研究，使其带动普通学校良性发展，这才是真正办示范学校的初衷。

学校实行多样化教育是对社会发展和家长的要求做出的回应，不应该用基础教育均衡来推翻特色教育，要做到教育的全方面发展。特色教育是国际教育发展的趋向，是素养教育的体现。在办学条件和师资力量相对平等的状态下，我们应该激励学校办出特点，给学生们创造出特色成长空间。重点学校建设是特色教育中的一个重要环节，我们应该把关注点转移到加强学校标准化建设上，发展重点学校的同时带动起薄弱学校共同发展。

三、深入基础教育体制改革

改革开放几十年来，我国基础教育在管理体制、教育结构以及教育思想、教育内容、教学制度和方法方面取得了一定的成就。但时代在发展，我国经济、政治体制改革都在深化，世界新技术革命在迅速发展，教育面临的环境也在日益变化，因此，我国教育体制改革绝不能止步不前。只有深入改革，才能使我国教育更好地适应社会发展的需要。但教育体制无论怎样改革，都不能动摇基础教育优先发展的战略地位。我们需要确保基础教育投入的优先地位，同时引导基础教育的改革与发展，实现教育、经济、科技的协调发展。

虽然在普及义务教育事业方面我国取得了一定的成就，但是我国还存在一些经济落后的农村地区，这些地区距离真正的教育普及还有些差距，教育经费不足和发展不均衡同时存在。由于我国地区经济发展水平的不均衡，对于经济落后地区来说，财政实力薄弱，对教育事业的资金投入不足。此外，我国对高等教育投入经费逐年递增，这也导致高等教育与基础教育经费投入失衡。

我们可以建立中央和省级政府的基础教育财政转移支付制度，这样能解决经济落后地区的教育财政困难问题。为了让各级地方政府履行各自的职责提供财政资源，我们可以建立纵向教育财政转移框架，来解决地方财政的教育资金短缺问题，并建立各县之间的横向教育财政转移框架，促进基础教育在地区内均衡发展。基础教育具有普遍性和重要性，而对于基础教育的资金投入必须要有政府的财政支持，这也是实现基础教育均衡的一个首要出发点。同时，地方政府、教育行政部门之间应当互相监督，严格规范公立学校的收费行为，对基础教育重点扶持，集中教育经费，促进基础教育均衡发展。

在管理体制改革方面，由于我国的基础教育管理体制是在计划经济体制下形成的，"高度集中，垂直领导"是其主要特点，因此，基础教育管理体制要走出计划经济时代的思维定式，"使普通中小学主动适应社会主义市场经济发展的要求，按照教育规律对学校人、财、物、事诸因素进行优化组合，创建规范、高效、充满生机和活力的基础教育宏观保障制度和现代学校制度"。

在办学体制改革方面，我们应积极推进办学主体多元化。办学主体多元化是与社会主义初级阶段所有制结构相适应的形式。但由于基础教育的公益性决定了它必须以公办为主，因此，基础教育要坚持在政府的统一管理下，在坚持公办为主的前提下，全面理解和贯彻"积极鼓励，大力支持，加强管理，正确引导"的方针，形成多种办学形式并存的格局。这样有利于"弥补公办学校数量、规格及办学形式上的不足"，顺应多种社会需求，同时有利于引进公平竞争的机制，促进教育质量和教育效益的提高。

第二节 21世纪国外基础教育改革的发展趋势

一、关注基础教育的质量与公平

追求基础教育的质量和公平是第二次世界大战后各国基础教育改革的两大时代主题，也是各国制定基础教育改革政策的主要原则。经过20世纪六七十年代的努力，各国普遍实现了初中阶段的义务教育，"人人都有接受教育的权利"得到了保证。20世纪80年代以来，许多发达国家都将基础教育改革的重心转向了教育质量的提升，通过改革课程、加强质量评价、提高教师水平等方式向本国儿童和青少年提供更优质的教育。进入21世纪以来，基础教育的质量和公平问题不再是改革所关注的两极，人们在追求基础教育质量提升的同时谋求公平。此时，教育，成为有质量的公平教育；质量，成为面向所有人的公平教育质量。

20世纪80年代以来，鉴于国际人才竞争加剧、国内教育质量下滑以及各州基础教育质量的不均衡，美国历届政府都注重基础教育质量的提升。1991年老布什政府的《美国2000年：教育战略》和1994年克林顿政府的《2000年目标：美国教育法》都注重提倡优质教育，培养高质量人才。2002年，小布什政府颁布的《不让一个孩子掉队法案》延续了这一政策，在提升教育质量的同时致力于对教育公平的追求，并通过教育问责制的建立来保证这一目标的实现。2009年，奥巴马政府启动"竞争卓越"计划，奖励那些在教育质量提升方面有成效的学校。2010年，奥巴马政府发布《改革蓝图》，继续推进教育公平，通过公平的教育缩小学生之间的成绩差距，实现卓越教育。同年，美国颁布"共同核心州立标准"，旨在通过统一基础教育阶段各年级的课程标准，显示美国提升教育质量的决心。2015年，奥巴马政府通过了《让每个学生成功法案》。该法案一方面通过建立问责制，要求对所有学生一律执行高学业标准，使他们能够为大学和就业的成功做好准备，另一方面通过特殊政策对流浪儿童、移民学生、农村学生等弱势群体给予各种补助和支持，在更大程度上保证了基础教育的公平。

第二次世界大战后，在《教育基本法》的指导下，日本一直坚持教育机会均等的原则，非常关注教育的平等问题，至2011年，日本初中入学率已经达到99.97%，高中入学率达到98.2%。然而，国际政治经济形势的发展以及日本基础教育内部的学力低下、教育荒废等各种现实问题，迫使日本许多学者意识到，"要使在安逸条件下成长起来的日本年青一代担负起振兴国家的重任，关键在于为他们提供高质量的义务教育"。2005年，日本中央教育审议会通过了《创造新时代的义务教育》的重要文件，"确保质量"被视为义务教育的三大基本原则之一。根据2006年修订后的《教育基本法》，日本政府分别于2008年和2013年制订了第一期《教育振兴基本计划》和第二期《教育振兴基本计划》。与此同时，新的《学习指导纲要》也于2008年出台。与2002年《学习指导纲要》中推行的"宽松教育"理念不同，新的《学习指导纲要》旨在培养学生扎实的学力、丰富的心灵和健康的身体，试图通过增加课时和加深学习内容等方式提高基础教育的质量。尽管这一改革政策受到质疑，但日本以高质量的基础教育迎接新世纪挑战的取向是不容置疑的。

澳大利亚2009年颁布的《国家优质学校合作伙伴计划》是联邦政府和各州旨在提高中小学教育教学水平的计划，特别关注薄弱学校和弱势群体，支持教师和学校领导提高学生读写和算术能力。《国家优质学校合作伙伴计划》的宗旨是促进教育公平、改造薄弱学校、关注成绩落后学生、提高教师教学水平，具体包括六个子计划，其中之一是"低经济社会地位学校社区改造计划"。该子计划主要由联邦政府与州政府共同投资于"低经济社会地位学校"，并吸引非政府教育机构共同制定适应于不同学校的改造计划。该子计划的六大关键内容是：①吸引高质量的校长和教师；②实施绩效管理和员工管理；③创建富有创新性和灵活性的学校运作机制；④为学生提供充分的学习机会；⑤促进学校对家长和社区负责；⑥建立家长、学校、产业和社区的外部联系。

根据德国基础教育面临的种种问题，德国政府及教育部门出台了相应的政策来指导基础教育改革的顺利进行。2002年德国出台了"十二条教改建议"，通过加强早期教育、注重个别学习、加强移民学生教育等若干措施，为德国未来提升教育质量水平提供改革指导。从具体建议来看，加强早期教育、注重个别学习、改革教师教育等相关措施致力于基础教育质量的提升，促进男女平等、消除"掉队"现象、加强移民学生教育等则更多关注的是保障弱势群体的基础教育质量。公平和质量已经融合在一起，成为德国政府基础教育改革集中发力的方向。

德国是一个高福利和高度社会化的国家，为了不让一个孩子失学和不让一个有特长、有才华的孩子埋没理想，在政策方面为每个孩子的发展提供了基本的保障。孩子从出生到25岁，政府每个月都会给孩子提供一定的养育费，称为"孩子钱"；在孩子小的时候，家长还可以得到"教育费"，母亲可以享受3年的哺乳假。这都是为了保障孩子得到良好的抚养和家庭教育。另外，德国所有的学校从小学到硕士毕业都是免费教育。国家还对那些家庭经济条件差、没有足够生活费的大学生提供无息助学贷款，以保证每个孩子都不会因为家庭经济困难而失去接受大学教育的机会。此外，德国的社会教育很重视下一代文化知识修养的提高，每一座城市都有公共图书馆、博物馆等文化设施，对未成年人免费开放，青少年儿童可以进入图书馆的阅览室学习，也可以在图书馆办理借书证免费借阅。每座城市的图书馆都设有青少年专区，这里除了书籍之外，还有CD、录音带、录像带、玩具、棋类等，都可以免费借阅、借用。图书馆向孩子们提供免费借阅服务，激发了孩子们的阅读兴趣和热情，也满足了孩子们的求知欲，弥补了低收入家庭子女图书资料不足的缺憾。

二、重视基础教育课程与教学改革

进入21世纪以来，世界各国的基础教育改革越来越多地从原来学校外部学制与结构的改革转向学校内部课程与教学改革，以促进学校的内涵发展，提升基础教育的教学质量。随着经济全球化的发展，各个国家都加强了多元文化的理解教育。东方国家非常重视开设英语教育课程。在西方，对本国语言拥有强烈优越感而忽视外语教育的美国、法国也开始强调外语教育。同时，信息技术已成为一种新的技术文化渗透到生活的各方面，在学校课程中也成为重要的教学内容。

自20世纪90年代以来，美国的基础教育课程改革可以称得上"基于标准的课程改革"。针对美国长期以来存在的教育问题，1989年美国州长联盟会议倡议设立全美课程标准，这一倡议在1991年老布什总统签署的《美国2000年：教育战略》中得到落实，制定全国的中小学课程标准成为这一改革文件的主要内容。1994年，克林顿总统签署《2000年目标：美国教育法》，提出要编订全国性的教育标准特别是课程标准，之后成立了国家教育目标专门小组和全国教育标准与测验委员会，以保证全国和各州课程标准的制定、实施与评价。2002年，小布什政府在《不让一个孩子掉队法案》中延续了这一政策，要求全面提高对学生学业标准的要求，缩小不同学生群体之间的学业差距，所有学生在相应的学段结束后都要达到较高的学业标准。奥巴马就任美国总统后不久，美国教育委员会试图规划一个全国统一的课程标准。2010年，"共同核心州立标准"正式颁布。

日本基础教育阶段课程的国家标准为《学习指导纲要》，这也是指导日本整个基础教育阶段课程改革的基本文件。这一文件大致每10年修订一次，日本课改的内容和方向在其中可窥一斑。在2002年的《学习指导纲要》中，日本采取了增加综合学习时间、减少必修内容、缩短课时等措施，希望为学生创造宽松的学习环境，以培养学生自我学习、自我思考、自我解决问题的能力。但宽松政策的推行带来了很多问题，学生的学力下降更是引起民众的普遍不满。2008年，日本出台了新的《学习指导纲要》，通过延长学时、注重基础、恢复或增添新的课程内容、增加课程的多样化与弹性化等形式，纠正1998年以来日本基础教育课程改革中出现的问题。可见，进入21世纪以来，日本的基础教育课程改革在"宽松教育"和"提升学力"之间不断摇摆，但其最终目的仍是提高学生的基础学力，提高基础教育的质量，以适应未来社会的需求。

英国的课程改革是紧紧围绕国家课程进行的。1988年7月，英国国会通过了《1988年教育改革法》，规定从1989年起全国所有公立中小学实行统一的国家课程。这标志着英国第一次拥有了全国统一的课程，教育逐步走向标准化、一元化和一体化。进入21世纪后，针对1988年国家课程改革中出现的种种问题，英国政府不断对课程进行调整。1999年，英国颁布新的国家课程标准，增加了公民教育课程，并将传统的计算机课程改为信息技术交流课程，同时更加注意课程的弹性。

2011年1月，英国启动国家课程的新一轮修订工作，对国家课程和考试做出修订，进一步推动基础教育的课程改革。2013年7月，在广泛征求意见的基础上，英国教育部颁布了新的国家课程大纲。此大纲特别强调英语、数学和科学的核心基础知识，并将其贯穿于整个基础教育阶段，凸显"成功的学习者""自信的个人""有责任的公民"三个核心目标，关注读写和计算两大基本技能，注重学科之间的交叉与融合，主张采用综合性方式对学生进行评价，以提高基础教育的质量。新的课程大纲已于2014年9月开始实施。

21世纪印度基础教育国家课程改革呈现出以下特点。

①课程改革凸显民族文化。积极与世界接轨，同时保持民族文化学习，是印度培养青少年国际意识和国际交往能力的重要举措。1988年、2000年和2005年，印度中央政府机构——国家教育研究和培训委员会发布了三个版本的国家课程框架。这三个版本的国家课程框架有不同的问题针对性和课程目标。要求课程内容注重反映民族文化，强调民族特色，这与印度政府的洞察力和悠久的历史密切相关。印度2005年发布的《国家课程框架》提出：建立统一的国家课程体系，包括公共核心课程和其他灵活的课程。公共核心课程必须涵盖印度民族独立运动的历史、宪法约束和其他民族团结所必需的内容。这些要素应贯穿各学科，并促进保护印度文化遗产以及平等、民主、世俗主义、性别平等、环境保护和消除社会

障碍等价值观；提高母语作为初等教育必修课教学语言的地位；将各种传统知识、技能、手工艺和其他历史文化遗产纳入课程。这些举措都体现出此次课程改革彰显民族文化的特点。

②教学内容注重与社会的整合。自1968年以来，印度基础教育阶段一直实行"10+2+3"学制和三语教学。三语教学是指在印地语地区学习当地语言、英语和现代印度语言，在非印地语地区学习当地语言、印地语和英语，教学内容由当地学校系统的教学水平决定。印度2005年发布的《国家课程框架》延续了这一理念，在基础教育课程中增加了空间技术、生物技术、遗传学、能源和环境教育，以适应时代的需要。此外，修改并减少了课程内容，在基础教育的低年级取消了印地语课本，以减轻学生的学习负担。印度自独立以来，基础教育的内容随着印度社会的发展而不断发展。其内容涵盖公民教育以及学生日常生活和生产所需的基本知识和技能，且为配合印度的国家战略，当前世界科技发展的主流知识也被纳入课程。

③教学方法注重发挥学生的自主性。印度要求教师发挥积极作用，帮助学生建立自己的知识结构框架，激励学生用自身的构想和经验来回答问题，而不是死记硬背或用单一的方法来获取正确答案。要想在教学过程中实现这些目标，教师首先要在课堂中明确自己的教学动机和个性，应把自己定位为学生知识建构的促进者，主动为学生选择学习任务和问题，发挥学生的潜能。其次，教师要重视课堂讨论。最后，教师要积极为学生创造一个良好的学习环境和学习氛围，让学生积极参与知识建构，包括调研、研究、提问、辩论、应用和反思等形式，从而帮助学生建构理论，生成独立思想。为了提供这样的机会，教师应综合运用对话法、参观法、适时发现法等教学方法，积极营造有利于学生知识建构的良好学习环境。

④课程评价方式灵活且多样。不同的学生有不同的学习方法和过程，因此评价方法也必须多样化。除普通试卷外，印度鼓励进行口试和小组工作评估，还建议在小范围内试点开卷考试和无时限考试。同时，学生的自我评价也在评价体系之中。2005年发布的《国家课程框架》中提到，让非常小的孩子能够正确地评价自己是否做得好，并鼓励孩子重新做修改后的试卷，要求老师认真重新评价，确保孩子能从这次考试中有所收获。

由于人身心发展各阶段的不一致性，所采用的评价方法也必须适应这种不一致性，因此印度建议在每个阶段采用不同的评价方法。在一至二年级，评价必须是对儿童各方面活动的定性评价，并在观察其日常活动的基础上对其健康和身体发育进行评价。在这个阶段，没有理由让孩子参加任何形式的考试，无论是口头的还是书面的。在三至八年级,有许多方法来评价,如口试、笔试和观察。在这一阶段,可以用定性评价与成绩相结合来解释学生的表现。孩子们的自我评价是在五年级之后开始的,从七年级开始就可以进行学期考试,因为学生们在心理上已经做好了准备。从九年级到十二年级,对学生的评价更多的是基于知识测试、考试和项目报告,自我评价也占据了一定的地位。其他方面的评价可以通过观察和自我评价来进行。

三、重视教师的专业标准与职业能力

无论何种改革,最终都需要通过教师才能落到实处,真正发挥改革的作用。正如21世纪国际教育委员会提出的:"我们无论怎样强调教学质量亦即教师质量的重要性都不会过分""提高教师的质量和积极性应是所有国家的一项优先任务"。为此,从20世纪80年代开始,美、英、德等国纷纷出台相关措施,培养和培训高质量的教师,以满足提升基础教育质量的要求。

(一)注重教师专业标准

为了保证教师质量,许多国家制定了教师资格标准和教师专业标准。美国实施的是与教师资格标准相分离的教师专业标准。在美国,取得了教师资格并不等同于达到了教师专业标准,一个教师从取得教师资格到达到专业标准还有一个漫长的过程。美国各州的教师评定只是为新教师提供入门水平标准评定,而美国国家专业教学标准委员会主要针对有经验的教师制定更高的标准,从高层次推动了教师教育的发展。

英国实施的是与教师资格相挂钩的专业标准。英国政府于20世纪80年代,专门成立了教师教育资格认定委员会,颁布了合格教师的标准。2002年,英国教育与技能部对这一标准进行修改并简化,从专业品质与实践、知识与理解、教学能力等方面对教师标准做出了规定,这一标准于2002年9月开始正式实行。

日本1989年开始实行教师任职认定制度,具体做法是:学生大学毕业时取得教师资格证书,然后参加教师任用选拔国家考试,考试内容包括普通教养知识、专业专门知识与教育基础理论三方面,被认定综合学历合格才可以被认定为教师。这种做法大体与中国类似。

澳大利亚政府实施一系列国家层面关键的和可持续的改革,以期为每所学校和每个教室吸引、培训、安置和留住高质量的教师和校长。改革具体内容包括:①通过可选择性途径吸引最优秀的高校毕业生从教;②政府与大学共同提升教师培训质量；③设计教师专业标准，包括教师掌握土著学生学习需求；④全国统一认证教师，以促进教师的流动；⑤通过绩效管理和专业学习，发展并提升教师和校长的专业知识和技能；⑥通过改进校内支持和奖励优质教师和校长，提高他们扎根农村和偏远地区或薄弱学校任教的决心；⑦提升教师队伍数据的质量和可获得性。以上这七个方面的内容主要通过以下具体项目实现：①颁布全国教师专业标准。通过实施教师专业标准，澳大利亚联邦政府与各州和领地共同确保不管学生在怎样的学校就读，每个学生都应该接受高质量教师给予的教育。在教师职前培养阶段，澳大利亚各州政府与大学建立联系，保证职前教育与教师专业需求的一致性。②实施"为澳大利亚而教"的项目，吸引数学、科学、商科、法律等专业的毕业生从教。③实施澳大利亚政府优质教师项目。通过培养教师掌握21世纪课堂教学所必需的知识和技能，从国家层面领导教师的专业学习，提高学校教师和领导的专业地位，进而为每个州（区）非政府教育机构提供资助，以提高澳大利亚中小学生所接受的教育质量。此外，澳大利亚还实施优秀教师奖励计划（Rewards for Great Teachers），表彰和奖励达到专业标准中最高层次的教师，其中包括澳大利亚教师绩效和发展框架以及全国统一的高成就和主导教师资格认证。2011至2013年，澳大利亚联邦政府投入6000万澳元实施这一计划。

印度2005年发布的《国家课程框架》指出，教师是教学活动的组织者和领导者。教师的专业水平影响着课堂教学质量，进而影响着学生的学习效果。之后，印度迅速推出了教师教育方案，以提高基础教育阶段教师的资格水平。后来，职前专业教育和职后培训成为印度提高教师专业水平的主要途径。印度国家教育行政部门建立了一套从中央到地方的教师培训机构；并科学制定了各层次教育的师资培养方案，为各层次教育提供专业师资培训；同时，紧跟时代需求，不断更新师资培训课程内容，充实师资培训课程主体，合理设置师资培训课时比例。

（二）注重教师职业能力训练

美国政府在1986年公布了两份报告，对美国教师教育改革有很大影响。一份是由卡内基"教育作为一个专门职业"工作小组公布的《国家为培养21世纪的教师做准备》，另一份是由霍姆斯小组公布的《明日的教师》。报告倡导为教师建立专业发展学校，在大学与中小学之间建立伙伴关系，把教育实践的环境和学术研究、培训结合起来。为了提高教师的培养质量，美国教师教育鉴定委员会2001年专门发布了专业发展学校的标准，可见美国教师教育改革的实践导向。

英国政府也专门出台了以中小学为中心的培训以及教师自我专业发展计划。

1993年，英国启动了以"中小学为中心"的教师培训项目，允许中小学校获得资金发展他们自己的教师培训项目而无须高校参与，取代了过去"以课程为中心"的教师进修体系。20世纪90年代，英国还提出"以课堂为本"的教师发展模式，试图使教师真正成为自我发展的执行者。在此基础上，英国又提出了"教师自我专业发展计划"，主要做法是教师通过分析日常课堂教学活动制定适合自己的专业发展目标和计划，选择适合自己需要的学习内容，将所定目标和计划付诸实施，并对教学中的个人实践进行反思，同时要将自我反思、同伴互助、专业研究人员的专业引领三者紧密结合。

四、重视基础教育质量监控与评价

随着人们对教育质量的关注以及相关研究的进展，各国普遍重视建立科学的系统评估制度，对基础教育质量进行监控和评价，以有效保障和提高基础教育的质量。这种制度一般都以教育立法为政策基础，通过设立专门的评估机构，聘用专业的评估人员，采用独立的评估审查程序，运用专业的评估标准和目标，将监控和评价的重点放在教学领域，并以各类评估和监测作为改善教学的工具，最终致力于质量的提升。

美国20世纪90年代就以开展标准化的"高利害考试"为着手，加强了对学校绩效的控制与问责。同时，在美国也诞生了大量的特许学校。学校承办人与学区签约后按章程自主管理，学校的运作及最终的办学效果受绩效责任合同制约，家长可以选择学校，学校办学成效接受市场的检验。特许学校设立的目的就是通过市场竞争促使公立学校改进质量。后来，风靡美国并占主导地位的标准化考试开始遭到质疑和批评，美国基础教育领域开展了一场学生学业评价的改革运动。美国人发现，过去在追求高标准教育质量的过程中，使用的考试系统并不是高标准的，只能测试最低水平的能力。统一、狭窄的纸笔考试根本无法全面反映学生学习的状况，不能全面考察学生的综合能力。于是，美国开始改变以往单纯考察书本知识的做法，致力于开发学生职业技能的测验系统，以及采用表现评定、设计、展示、写作、档案袋等非传统评价方式。

1993年，英国成立了教育标准局，具体负责检查、评估公立学校为未成年人和成年人提供的教育、教学、培训的服务和质量。英国教育标准局整合了原来的英国皇家督学团，独立于教育行政部门，直接对议会负责。这一机构对英国学校的督导和评估是综合性的，包括"教育或学科的质量，达到的标准，学校提供特殊教育的服务质量，英语为非母语的教学，领导与管理，教师的风貌，财务管理，教与学，学生的精神，道德，社会与文化的发展概况，家长对学校的看法等"，并形成独立的报告。学校的评估结果分为优秀、良好、合格、不合格四级，总体的评估结果以年度总结的形式向社会公开并向国会报告。原有对学校的评估每三年一次，自2009年起，所有学校三年一次的督导改为一年至少一次；评为优秀或良好的学校将六年接受一次全面检查。除了强调教育标准局主导的外部评估，英国也鼓励学校建立自我评估制度，评估的内容与教育标准局评估的内容完全一致。这样一方面可以为外部评估提供基础和依据，另一方面可以促进学校持续的改进与发展。

德国由于实行的是联邦制，因此教育的管理重心主要在州政府一级。州政府也仅规定本州的教育方针，制订本州的教学计划，对地方和学校的具体事务不做详细要求，这就造成了德国各地方的教育参差不齐。为了改变这种状况，2002年德国出台的"十二条教改建议"提出要加强对各级教学的质量评估。德国时任教育研究部部长布尔曼女士提出成立国家教育评估机构，定期发表国家教育报告，将质量评估作为德国教育质量保障系统的一个有机组成部分。德国的这种质量评估主要是对学校的督导评估，包括对学校的外部评估和内部评估。外部评估主要由州教育评估机构组织实施，侧重学校的办学思想、办学行为、教师队伍等宏观问题，分为督导评估准备和入校考察两个阶段。在准备阶段，学校需提供关于学校运行的各种实证材料，为专家人员入校考察提供相关信息；在入校考察阶段，专家通过听课、访谈、实地考察等形式，对学校的各项工作进行考评，并形成关于学校的具体指导意见和发展建议，然后向社会公布。内部评估主要由学校对自身的各方面情况进行反思，如学生学习成绩分析、家长意见征求等，目的在于改进学校自身的办学质量。

澳大利亚注重学生发展和提高教育质量。作为《国家优质学校合作伙伴计划》子计划之一的"阅读与算数计划"，旨在发现提高学生阅读与算数水平的有效策略，包括阅读与算数优质教学、卓越的学校领导和有效地根据学生成绩鉴别学生所需要的支持和帮助。

五、重视社会力量的作用

基础教育的改革离不开家长、学校、社会和社区等多方力量的参与。我们需要采取综合性、跨学科、跨部门和全面的方法来解决基础教育的相关问题，重视建立一种全方位的强有力的合作伙伴关系。

美国非常重视开放社会资源用于教育，国家实验室、博物馆、政府机构都有教育服务项目。例如，美国各大博物馆都设有学习中心，有计划地组织学校教师来中心培训，并每月都为学生安排精彩的专题活动。此外，在政府积极倡导下，1995年，一场"返校运动"在全美逐步推开。这一计划的主要目的是鼓励父母和社区人士积极到学校参加相关活动，配合和支持学校教育工作。

德国教育总体目标强调，实现目标的主要途径是学校教育。因此，当代德国非常重视学校教育改革，根据社会发展对学校不断提出新要求。首先，德国要求学校明确教育目标，了解自己的职责；其次，强调教育活动的创造性，依据学生的不同特点对他们进行创造性的教育，以促进每个学生的发展。同时，教育总体目标强调，教师在实现目标的过程中发挥关键性作用。德国一贯重视教师发展，在当代社会，更加强调教师必须具备新的教育理念，具备更高的责任心和能够开展创造性的工作。自治和自我实现已不仅仅是学生的发展目标，同样也是教师的发展目标。因为今天的教师不仅承担着教给学生知识的重任，而且承担着指导学生成人的责任。当然，其他社会力量在实现教育总体目标中，也有其重要作用。比如，社会团体和媒体有责任对儿童和青少年实施引导和帮助。

一个能够使教育总体目标得以实现的社会，一定是一个有着良好教育文化的社会。一个具有良好教育文化的社会的主要特征是：在这个社会中，教育已成为全体公民的人生需要，继续教育和终身教育的理念得到社会的普遍认同，社会能够为儿童和青少年的发展提供必要的活动场所，教师的工作能够得到社会成员的支持和认同。在当代德国，教育部门和政府在不断地培养和完善社会的教育文化，一种良好的教育文化已经形成。国家教育总目标也因此有了较好的文化基础和社会保证。当代德国的教育目标是与德国人的价值取向、与儿童和青少年的发展要求相一致的，也符合社会的发展需要和基本特征。独立、自由、民主和自我实现，作为当代德国人的普遍价值取向，已经深刻地反映到教育目标中来，促使教育把人放在中心位置，着力培养学生的独立性和个体人格，提高他们的自我定向能力和选择能力，发展他们积极的社会责任感与合作精神。这就要求转变办学模式，由此大大地促进了德国当代教育的改革，促使开发更加灵活多样的教育方式和途径，营造有利于学生自由发展的教育环境，使得德国教育总体目标发生转变。

德国教育总体目标的转变，影响了不同教育领域和教育阶段目标的制定和实施方式。各级各类教育，特别是学校、家庭和社会各方面的力量，只有协调一致，才能相互支持、相互配合、共同作用。这已成为德国政府制定21世纪教育目标所要考虑的重要问题。社会教育是一项综合性的教育，是调动社会各方面的力量对下一代进行培养和关爱的教育，其目的就是为下一代提供更多更有利的发展条件和机会，促进下一代的发展。在德国，社会教育一直是一个备受关注的领域，尤其是随着社会的发展，随着新问题的不断出现，社会教育的范围和职能也在进一步扩大和加强。如今，社会教育已深入家长培训，也深入对儿童和青少年进行性教育、安全教育和防止被诱骗的教育等。在德国，所有大学的教育研究所都设有社会教育专业方向，社会专业的毕业生越来越受到社会的欢迎，这也从另一个方面说明了德国社会教育的发展水平。

第三节　对新时代基础教育改革若干问题的思考

一、核心素养问题

核心素养，是近几年基础教育乃至整个教育界的热词之一。学生发展的核心素养，是指学生应具备的、能够适应终身发展和社会发展需要的必备品格和关键能力。它是关于学生知识、技能、情感、态度、价值观等多方面要求的综合表现，是每一名学生获得健康生活、适应个人终身发展和社会发展不可或缺的共同素养。核心素养的形成和发展不仅体现在学生阶段，而且体现在人生的其他阶段，是一个持续的、贯串终身的过程。就其框架而言，中国学生发展核心素养以培养"全面发展的人"为核心，分为文化基础、自主发展、社会参与三个方面，综合表现为人文底蕴、科学精神、学会学习、健康生活、责任担当、实践创新六大素养，具体细化为人文积淀、理性思维、批判质疑等基本要点。

学生发展核心素养是我国基础教育适应世界教育改革发展趋势，提升我国教育国际竞争力的必然选择；也是全面贯彻党的教育方针、落实立德树人根本任务、全面推进素质教育、深化教育领域综合改革的迫切需要；是根据学生的成长规律和社会对人才的需求，把对学生德、智、体、美、劳全面发展总体要求和社会主义核心价值观的有关内容具体化的体现。归根到底，学生发展核心素养是要探究"教育要培养什么样的人、怎样培养人"的问题。

不过，三个方面、六大素养的框架设置也受到许多专家学者的质疑。核心素养作为一个新鲜事物，广大教育工作者对这个概念的理解还不清晰，各学段、各学科应有的核心素养也处于探索中，核心素养在基础教育实践中的落实是一个任重而道远的艰巨任务，需要持续不断的探索和实践。

二、教育公平问题

人们对教育公平的追求由来已久。从历史上看，古希腊思想家柏拉图已经提出了教育公平的思想，其弟子亚里士多德则首先提出通过法律保证每个自由公民的教育权利。我国教育家孔子提出的"有教无类"也蕴含了朴素的教育民主思想，可以看作我国关于教育公平问题的先声。但将教育公平作为一种国家理念，进而用立法的形式保证实施，则是18世纪末期以来的事情。

教育公平通常被概括为三个层次：①确保人人都享有平等受教育的权利和义务，即起点公平。这一层次主要主张法律应该关注人人都有接受教育的权利，都可以进学校，但不同人应该进不同种类和水平的学校。第一次世界大战前多数西方国家追求的教育公平即属于这一层次。②提供相对平等的受教育的机会和条件，即过程公平。这一层次强调教育制度要平等地对待每一个适龄者，应该让每个适龄者有机会享受到同样的教育。③教育成功机会和教育效果的相对公平，即结果公平。这一层次主张向每个学生提供使其天赋得以充分发展的机会，并向处境不利的适龄者提供补偿教育，使其与其他适龄者一样获得平等的教育结果。

教育公平问题不仅是影响社会公平正义的重要因素，而且是影响政府公信力的重要因素，还是影响人民获得感和社会安定的重要因素，因此必须引起全社会的高度重视。作为和谐社会的基础，教育公平在整个社会发展中起着举足轻重的作用。基础教育阶段的教育公平更是基础中的基础，是整个教育公平中首先需要解决的问题。

三、"市场化"取向问题

"市场化"或"私有化"是20世纪80年代以来国际教育改革的热门话题。对于这种改革的趋势，学术界很多人反对这种提法，认为它违背了教育的根本属性。然而，世界各国在教育管理体制中不同程度地引入了市场机制是一个不争的事实，并且他们试图借此来加强校际竞争，以达到提高教育质量的目的。

基础教育的本质决定了不应该遵循市场的逻辑来进行基础教育改革。市场经济就是发达的商品经济，是商品经济发展到必须以大规模的市场来调节和配置各种社会资源的一种经济形式。而基础教育是一种典型的非垄断性质的公共物品，本身不具有商品的属性，而是具有很强的正外部性的产品或服务，因而基础教育活动本质上不同于商品生产。从目的来看，基础教育对学生的培养不是通过交换来获得经济利益的，不以市场交换为出发点，而主要在于提高公民素质，因而基础教育是一种公益性活动。从教育过程的性质来看，教育过程具有合作的性质，它与市场买卖双方的交易不同，是教师和学生相互合作的结果。如果只是单方提供的教育服务在市场中进行交易的话，学校就不只是在提供有魅力的课程和教育方法方面进行竞争，还会被编入市场中的相对增值或贬值的结构中去。因此，提高学校的办学质量和效率，重要的是使所有的教师和学生都能认识到这种"合作性"，促使他们积极参与到合作生产的过程中。从教育产品的特点来看，基础教育的成果只是半成品，还不能直接进入商品市场进行交换，而必须经过高等教育后才能成为交换的成品。而非基础教育则不同，"它主要是以产业社会的要求为中心课题的，产业社会活动（地位、作用）的多样性，决定了基础教育以上的教育也必须是多样的。也就是说，它作为商品的本质上的差异，是为了适应产业社会的发展而本来就具有的"。因而在市场经济下，我国基础教育仍然需要政府或者非营利部门来提供，而不能完全交由市场来完成。事实上，从商品经济发达国家的现实来考察，他们也没有基础教育完全市场化的实例。有学者说："由于教育有着与其他商品和服务截然不同的特性，因此无论是在西方还是在东方，它从来都没有完全投入市场的怀抱。"

我国的国情也决定了基础教育改革不应该追求过分的市场化。国外基础教育市场化的做法都是国家政治权力下放的一种体现，而在我国并不具备政治权力下放的条件。有研究认为，这是因为，实行中央向地方政府放权必须具备一定的社会（文化）基础和政治（民主）基础，其中最重要最根本的两条是"对国家（政府）的权力要有严密而行之有效的监督机制，即法律监督、行政监督、司法监督和舆论监督；存在着民主的传统以及公民有效的了解和参与，而且这种参与应没有社会背景与阶级的区分和限制，尤其是政治参与的机会应扩大到社会的最底层"，同时，"国外的放权也并不意味着政府可以放弃对教育的责任，政府必须对保持社会正义与持续发展的具有纯公共性质和准公共物品性质的教育产品予以提供，如义务教育"。

随着社会主义市场经济体制的不断发展与深化，基础教育的改革应该打破传统的由政府垄断的僵化局面。基础教育的公共产品属性决定了基础教育的提供主体必须由市场之外的其他部门来提供，然而在市场经济体制下，这种提供主体可以不仅仅是传统意义上的政府，非营利企业作为政府部门的补充也可以适当地提供基础教育服务。因而，在基础教育阶段不提供过分引入市场机制，但也并不是说还返回到传统的由政府垄断基础教育的局面，而应该实现管理模式的转变。即一方面要坚持政府的主要负责人角色，在基础教育的办学权和管理主体、办学模式、经费的投入以及教师的配置等方面都应该以国家民主机制为主导,其实质在于保障教育公平;同时在基础教育管理方面应该合理地引入市场因素,主要在于鼓励非营利部门作为基础教育发展的补充。基础教育改革的主要目的是实现提供与生产过程中公平与效益的并存,政府的主要职能在于保障公平,而市场的主要目的在于提高效率。基础教育费用仍然主要由政府来提供。

四、教育信息化问题

教育信息化是运用各种信息与通信技术系统地变革教育的过程,其核心在于通过利用各种信息技术优化教育教学过程,以实现教学创新,进而达到培养创新人才的目的。近些年来,随着通信技术的飞速发展及其在教育领域影响的逐渐深化,教育信息化正在成为教育变革过程中的一个全球性热点,在各国新一轮的基础教育改革中不断得到体现。我国出台了与教育信息化有关的一系列政策,在实践中也投入了大量的物力、人力、财力来开展教育信息化建设,学者们也不断开展对教育信息化的相关研究,这些在不同层面上推进了我国教育信息化的不断深入和发展。

尽管教育信息化在我国取得了较大成效,但是现实中,教育信息化应用还存在不少问题。例如,一些教育行政部门和学校领导仍未充分认识到信息技术对教育的革命性影响;信息资源开发存在低水平重复,资源孤岛现象比较普遍;教师的信息素养和技术能力跟不上教育技术的发展,技术恐惧和使用不当的现象普遍存在;学生自主学习的意识、能力不足,限制了学习方式的更新等。这些现象在不同程度上影响着信息技术在教育教学中的深度应用。目前,在我国信息化与教育教学"两张皮"的现象仍然存在,教育信息化的区域发展水平也不够均衡。而随着以智慧教室和智慧校园建设为标志的智慧教育的来临,这些方面的问题更是亟待解决,需要相关部门和人员进一步提高认识,转变观念,齐心协力,共同克服,以在更深、更广的层次和范围推进教育信息化的发展。

五、经济和教育的全球化问题

"经济全球化"是当今时代最重要的发展趋势之一。所有国家都面临着经济全球化的影响和挑战,也在利用经济全球化带来的机遇。经济全球化已经成为一股势不可当的世界性潮流,对世界各国社会发展的方方面面产生了深刻的影响。进入21世纪,经济全球化进程加快,信息传输、交通出行更加迅速便捷,人与

第五章　新时代基础教育改革发展趋势及问题思考

人之间的互动交流不再受距离和时间的限制，各个国家的往来更加频繁。新的形势对各国教育也提出了新的要求。教育不再仅仅局限于对国家人才的培养，而更加强调国际性人才、世界性公民的培养，重视对学生国际性视野、开发性思维的培养，这种理念无不渗透在各个国家对包括基础教育在内的教育领域的改革之中。同时，经济全球化也使各国在教育上的交流、合作日益密切，越来越多的国家加强了与其他国家在办学、人才培养上的合作，积极互派留学生及访问团体，学习和借鉴他国的教育发展模式及理念。

另外，经济全球化也推动了各国对本国教育竞争力的关注。越来越多的国家意识到，国家实力的竞争实际上是人才的竞争、教育的竞争，本国教育在国际上的现时竞争力实际上意味着未来的国家竞争力。因此，经济全球化浪潮一方面加强了各国基础教育发展的国际化趋势，另一方面加剧了各国基础教育的竞争，迫使各国围绕经济全球化展开基础教育的改革，以提高本国教育质量，凝聚特色优势，增强本国在经济全球化背景下的教育竞争力和人才储备量。

和其他国家面临的情况一样，经济全球化不仅会给中国的基础教育带来机遇，同时也会带来挑战。这种挑战的最直接反映体现在教育主权上。教育主权是指主权国家具有的在不同层次独立自主处理国际国内教育事务的权力。当前的经济全球化是一种不平衡的经济全球化，南北之间的差距很大。西方国家在经济全球化进程中显然处于支配地位，而广大发展中国家则处于不利地位。教育全球化与经济全球化是紧密联系在一起的，就此而论，教育全球化直接就是资本主义国家开拓海外市场的殖民扩张的一部分，它包含了资本主义国家对广大发展中国家的人力的剥夺，从而不断加剧了智力资源在当今世界上分配的不平衡现象。对广大发展中国家来说，教育全球化更多意味着引进西方发达国家的教育经验和教育模式，而其本民族的教育传统和文化传统在这种历史进程中却面临着重重危机。对西方发达国家来说，教育全球化则是一种影响后发展国家的教育现代化进程，从而使现存不平衡的世界秩序固定化的进程。世界贸易组织的服务自由化的相关条款也规定了国家开放教育市场，而且通过普遍的贸易准则要求国家放弃某些对教育自主决策和行政干预的权力，这会导致国家主权的旁落与转移。

经济全球化也侵蚀着我国的基础教育市场。近年来，我国留学生出现了低龄化的倾向。这一方面表现了中国家长对教育投资的热切之情，另一方面显示了国外已经瞄准了中国巨大的教育市场。而中小学生的大量留学必然会导致我国教育投资的大量流失。此外，经济全球化可能带来一些照搬国外教育模式的做法，虽然西方的有些教育理论比较先进，但是只有把这些先进理论与我国教育实际结合起来才能发挥效果，否则，只是简单的一味照搬，只会起到事倍功半的作用。

因此，我们对待经济和教育的全球化问题的态度不应当是"拿来主义"。在教育方面，无论是对传统教育思想还是国外的教育理论都应该进行合理的取舍，都应当是在本土性中发挥世界性，在世界性中发挥本土性。我们要寻找，以维护主权国家的民族特色和政治利益的经济全球化为前提，在世界范围内的教育活动受到主权国家一定程度的控制的教育模式。这才是应对经济和教育的全球化的正确之路。

第六章　新时代基础教育质量评价的实施策略与改革要求

基础教育质量评价是对基础教育本质属性的全面反映。基础教育质量评价对于建立有效的管理和监督机制，保障基础教育事业的发展，提高人才培养质量都有着非常重要的意义。本章为新时代基础教育质量评价的实施策略与改革要求，分为基础教育学校层面质量评价、基础教育教师教育质量评价、基础教育学生评价、基础教育评价的改革要求四节，主要包括基础教育学校层面质量评价的含义、基础教育学校层面质量评价发展的特点、基础教育学校层面质量评价实施的策略等内容。

第一节　基础教育学校层面质量评价

一、基础教育学校层面质量评价的含义

学校是教育系统的基层单位。在实际工作中，所有的教育路线、方针和政策最终都要依靠学校来贯彻和执行。办好每一所学校是促进基础教育发展的基石。评价学校办得好不好，尤其是评价学校的质量水平的高低，是国家、社会和普通民众非常关注的问题。

学校教育质量评价是指运用现代教育评价的理论和方法，对学校的运行状态进行价值判断。

学校层面的教育质量评价是整体教育质量保障体系的核心组成部分。校本教育质量评价的程序包括：先由学校进行自评，撰写自评报告，提交给外部评价机构；然后由外部评价机构对学校的自评报告进行检查，这一检查通常采用同行评议的办法；在此基础上，外部评价机构起草正式的评价报告，做出结论；在这一

结论得到各方认可后，各方再采取后续的相关行动。

学校层面的教育质量评价活动以学校自愿参加为原则，以学校内部的持续的自我质量管理活动为核心，以学校的自我评价为基础。就内外关系来看，由于外部评价机构和学校双方往往难以对教育质量形成完全一致的看法，为避免由此产生的冲突，一般的做法是，外部评价机构和学校各有分工，外部评价机构偏重于输入和输出的评价，而学校则偏重于过程的改进和质量的提高。

学校办学水平评价是一项综合性的评价，根据《普通中小学校督导评估工作指导纲要》的要求，学校办学水平评价的主要内容包括以下三个方面。

（一）办学方向

学校应全面贯彻教育必须为社会主义现代化服务，为人民服务，与生产劳动和社会实践相结合，培养德、智、体、美、劳全面发展的社会主义建设者和接班人的教育方针，实现教育目标。

学校要面向全体学生，统一要求，因材施教。

（二）学校管理

①组织领导方面：校长的岗位培训情况；人员的政治思想素质与业务素质情况；贯彻执行有关教育的方针、政策、法律、法规的情况；党组织发挥政治核心与保证监督作用的情况；民主管理与教育工会、教职工代表大会的建设；机构设置、职责划分、团结协作与工作效率；规划与计划的实施；信息统计与档案管理工作。

②队伍建设方面：教职工的思想政治工作、政治学习制度；岗位责任制、教职工的主人翁意识与工作实绩、考评与奖惩；教职工队伍的培训与提高、骨干教师的培养；关心教职工生活；有关教师政策的执行情况与教职工队伍的稳定情况。

③德育工作方面：德育的位置；德育工作管理体制与队伍建设；德育工作的计划与实施；各项工作渗透德育，教书育人、管理育人、服务育人，学校、社会、家庭的配合；校容校风校纪；德育研究与改革。

④教学工作方面：教学计划与教学大纲的执行情况，教学质量的高低，教学的组织、实施与检查，教研与教改；教材和复习资料的管理；学生课业负担及其控制；执行招生计划情况，班额控制，学籍管理，流失率，留级率；劳动技术教育与社会实践；体育卫生制度，课余体育训练与竞赛，健康教育与卫生监督，公共卫生；课外活动；教学设施、仪器设备、文体器材、图书资料的利用与管理。

⑤总务工作方面：财务管理与监督；收费项目与收费标准的执行情况；学校资产管理，后勤服务；勤工俭学与校办产业；校园规划、建设与管理；安全教育与安全措施。

（三）办学条件

①领导班子：领导班子的素质、配备、结构。
②师资队伍：教师编制额和实有数量；教师学历达标率、专业证书考核合格率；教师的学历、职称、专业、年龄结构；公办、民办、代课教师的比例。
③物质条件：校舍，场地，设施；教学仪器设备，图书资料，文体器材，卫生设施。
④经费：生均公用经费，生均业务费；公办、民办教师经济待遇和政策落实情况。

我国目前基础教育对中小学校办学水平的评价内容和上述内容基本一致。应当指出的是，这些评价内容，对学校办学特色，以及以学校背景（原有水平、生源、师资等方面情况）为基础的学校办学效率和效益等方面的评价缺乏重视。而学校的办学特色应当作为学校办学水平评价的一项重要内容；同时，在评价学校时，不能仅注意学校各方面的绝对水平评价，也要重视投入与产出的效率与效益方面的评价。

二、基础教育学校层面质量评价发展的特点

自改革开放以来，我国基础教育学校层面质量评价迅速发展，形成了较丰富的理论与实践研究成果。我国出台了诸多相关法律、法规与政策文件，对学校层面质量评价指标的发展起到了直接的推动作用，赋予了评价指标鲜明的特色。

（一）以教育政策为导向

教育研究活动能够帮助决策者制定政策与法规，政策与法规的公布又能够激励研究活动的进行，并为之提供导向。学校层面质量评价指标的制定更是如此。如20世纪90年代出台的《普通中小学校督导评估指导纲要》规定了学校层面质量评价的范围与评价内容要点，各地教育机关便据此设计当地督导学校层面质量评价指标。

教育政策体现的是国家统治者的意志，据此设计的学校层面质量评价指标也因此突显出国家对学校的要求与期待。这样设计的指标的优点是便于政府掌握学

校教育与学校管理发展情况，缺点是各地学校层面质量评价指标雷同，不能顾及学校个性化的发展。

（二）以评价理论的发展为依据

我国学校层面质量评价发展起步晚，基础薄弱，初期主要是靠引进西方学校层面质量评价的研究成果。在西方学校层面质量评价发展的影响下，我国学校层面质量评价在过去一个多世纪中经历了从学历测验到目标达成再到过程改进的变化，而其背后一直有着理论作为支撑，如早期的教育测量学、泰勒的目标模式、学校效能理论等。如今，在全面教育质量观、全面质量管理理论、绩效观等理论的影响下，学校层面质量评价指标也在内容、权重等方面产生了相应的变化。

（三）转向自主创制本土化的评价指标

如上所述，借鉴国外学校层面质量评价指标从我国现代学校层面质量评价萌芽起直至今日一直存在，并且有着不可替代的作用。尤其是在 20 世纪，借鉴外国几乎是国内该进行领域研究的唯一方式。

但是，随着对学校层面质量评价理论与实践的把握逐渐深刻，以及对我国本土学校层面质量评价实际情况的认知的深化，我国学者逐渐将引进外国研究成果作为参考，通过分析学校层面质量评价指标内在的评价观、价值观、逻辑，结合我国学校发展和管理的特点与现状，自主设计能够满足我国学校层面质量评价需要、促进教育质量发展的评价指标。

（四）转向为了发展学校而设计

我国的学校层面质量评价指标在最初阶段大部分是针对学校办学水平而设计的，主要关注硬件设施与师资条件，目的在于保证学校能够达到合格的标准。如今，随着教育的发展以及人们对学校需求的日渐多样化，学校层面质量评价指标的重点开始转向学生学业表现、教学效率与学校管理等方面，评价的目的也自然而然从保证学校合格的最低标准而转向促进学校持续改进、不断发展。

（五）向多元主体评价指标发展

作为社会主义国家，我国学校教育评价自萌芽伊始便主要由国家教育机关主持，评价指标也是根据国家发布的政策文件来制定的。自发展市场经济至今，教育评价学术界经历了从排斥政府外的中介机构评价到接受政府外的中介机构评价，从忽略学校对于评价的自主性到强调学校自我评价是外部评价的基础。在如

第六章 新时代基础教育质量评价的实施策略与改革要求

此思维转向的驱使下,相关政策、法规与实践纷纷阐明并证实多元主体的学校层面质量评价意义重大,中介评价机构甚至学校开始自主编制评价指标,学校层面质量评价指标因此变得丰富多彩。如今的学校层面质量评价指标,既能展示学校质量,又能展现学校的特色。

三、基础教育学校层面质量评价实施的策略

(一)重视学校层面质量评价的定位与价值选择

1. 发挥评价改进办学的功能

一所学校能够顺利地朝向良好的方向发展,必然离不开一定的评价体系的有效监督与指导,它可以让学校避免在发展的过程中偏离最终的办学目标。因此,学校层面质量评价在学校发展中扮演着越来越重要的角色,它甚至是学校办学的指挥棒,指引着学校办学的方向。

任何基于学生个性发展的学校层面质量评价都要明确、合理地定位学校层面质量评价的导向性。评价者应首先明确学校层面质量评价的功能是为了诊断、改进学校办学,从而更好地引导学校教育对学生个性发展的关注,而不是评价学校的升学率,给学校贴标签,也不仅仅是为了发挥学校对学生的监督功能而规范和管理学校办学。我们只有明确定位学校层面质量评价的真正目的,才能使评价真正发挥改进学校办学的功能。

当然,改进学校办学也并不仅仅是关注学校的师资、教学与课程,组织与管理各种软硬件配套设施,更多的是要对学生进行关注。学校教育的本质是促进人的发展,学校的各项教育教学工作,以及学校文化氛围的营造等都是为学生能够更好地成长服务。

学生的成长、学生个性潜能的充分激发与发展是学校教育的核心。学校层面质量评价的真正目的就是从学生出发,通过改进学校办学的手段,使学校在各种软硬件的配套等方面能够更加科学、合理,从而保持学校可持续发展的强劲势头,为学生在校全面而有个性的成长和发展服务。

2. 践行以生为本的价值诉求

学生的发展是学校教育价值本源的回归。基于学生个性发展的学校层面质量评价对学校教育发挥着监督、诊断和指导的功能,它通过评价的手段促进学校教育对学生发展的有效关注和指导,践行着以生为本的价值诉求。因此,学校层

面质量评价的价值追求必然要体现为生命服务的崇高境界。学校层面质量评价不仅仅是督导学校办学，更多的是引导学校教育如何在办学过程中关注学生的个性发展。

当今21世纪，国与国之间在经济、文化、政治、军事等领域的竞争日趋激烈，而这些竞争归根到底依然是人才的竞争。哪个国家在人才竞争中趋于主导地位，那么这个国家在世界经济、文化等领域也往往能立于不败之地。因此，当今世界对创新人才和高科技人才的需求必然越来越旺。

除此之外，根据加德纳的多元智能理论，每个人虽然出生时即具有九种多元智能，但是每个人在这九种智能领域所凸显的表现是不一样的。换言之，每个人所具有的禀赋、天资不尽相同，因此所擅长的领域也不尽相同。

正是基于以上原因，学校层面质量评价应该引导学校教育对学生个性发展的关注，以充分挖掘并发挥每个学生的个性潜能。也只有接受这样的教育，每个学生才能真正成为当前社会发展所需要的人才，也才能最终实现每个学生的生命价值。

（二）关注学校整体的绩效提升

作为专业机构，学校特别关注教师的个人绩效，有时会忽视学校整体的组织绩效。学校强调个人绩效是必要的，但是这肯定是不全面的。站在学校发展的角度，除了需要关注教师个人的教学业绩，学校还要重视营造校园文化、构建教育教学氛围等层面的工作。站在学生的成长角度，学生不仅需要学科教师个人的努力，而且需要一个多个学科教师团队的合作和协调，需要学校将学生的知识学习与品德养成有机结合起来。对于学校整体的关注，既是学校整体教育教学品质提升的要求，又是在教师群体中强调团队精神、促进教师之间友好合作的要求。

（三）构建多元主体参与评价的格局

传统的基础教育学校层面质量评价主体是由各级教育行政部门和督导机构自上而下地组织实施督导和检查，学校作为被评价对象，只能被动地接受评价，无法获得自我评价和反思的机会。

在新的发展条件下，我们要推进教育治理体系和评价体系现代化，落实学校作为治理主体、协调主体和发展主体的能动地位。在建立新的基础教育学校层面质量评价体系时，我们要将创新力体现在评价主体上，使评价主体呈多元性。政府、学校、教师、学生乃至社会机构等教育利益相关者，均可根据自身对"创新力"的理解，参与到学校层面质量评价中，形成学校发展"共同体"。各利益评价主体在学校层面质量评价中充当不同角色,通过协商与合作,使学校层面质量评价能够满足不同利益相关者的价值诉求。这样,基础教育学校能够充分利用各方面的教育资源,通过整合各种资源,使学校健康、均衡、可持续、个性地发展。

(四)加强对学校层面质量评价的外部支持

有效的学校层面质量评价离不开一定的外部支持,即政府和社会的相关支持。一定的外部支持能够为学校层面质量评价工作的顺利开展提供有力的保障,从而提高学校层面质量评价结果的准确性和有效性。

1. 为学校自评提供数据支持

在学校自评的过程中,数据分析和解释是重要的一环。有效的数据分析的结果是学校进行科学、客观、有效自评的重要基础和依据。因此,在学校自评开展的过程中必然要收集大量的相关数据。收集来的庞大数据,必须通过一定的审查、梳理、分类、汇总、分析和解释,才能为学校自评的开展提供有效的数据依据。因此,参照科学的标准分析和解释数据就显得极为重要。

当前世界很多发达国家为了给学校自评提供最新、有效的统计数据作为自评参照,往往不惜花费大量的人力、财力、物力,定期举行统一的评价和测试。学校可以将本校学生的学业表现等与这些测试的统计数据进行比较,以判断本校的教育教学质量,并诊断学校办学中尚存在的不足,并以此为突破口不断改进办学,提升教育教学质量,促进学生的发展。

相比之下,国外的这些做法在我国很多地区都比较欠缺,教育行政部门为学校提供数据支持的意识也比较淡薄。这就导致很多学校在开展学校自评活动时缺乏有效的数据支持,不能够客观地对学校的各项教育教学工作展开评价,于是评价更多地建立在学校主观意识的基础之上。这也致使很多学校无法从根本上找到与优质学校的差异之源。

针对此情况,我国可结合实际,为学校自评活动的开展提供有效的数据支持,如通过定期地举行统一的学业水平或教育质量监测考试,构建相关数据库,以备学校自评使用。这样一来,学校借助数据库数据信息的支持就能对本校教育与教学工作,以及对学生的学业表现等进行更加客观和有针对性的评判了。学校在自评基础上提出的未来发展目标和行动规划也会更合理可行,符合校本实际,更能有效地引领和促进学校教育教学质量的进一步提升。

2. 强调评价结果的应用与后续支持

由国外发达国家的经验可以看出,要发挥学校层面质量评价的诊断、改进和指导功能，并对被评学校发生实质性的影响，就必须强调对学校层面质量评价结果的应用与后续支持。而我国在这方面目前的意识还比较淡薄，应该予以改进，以使学校层面质量评价真正引导学校教育对学生个性发展的关注，改进学校办学，提升教育教学质量。具体来说，我国可在以下几个方面做好结果的应用与后续支持工作。

首先，重视评估结果的公布、应用与反馈。保障各教育利益相关者对学校层面质量评价结果的监督权和知情权，使学校层面质量评价结果能够公开化和透明化，并逐步将考评结果作为学校领导成员以及教师绩效考评的重要依据之一。

其次，在学校评估工作结束之后，有意识地加强对学校改进工作的支持与指导。指导内容包括指导学校根据评估结果明确学校办学中的优势、尚存在的不足和面临的机遇与挑战，并指导学校调整办学目标，重新制定符合当前现状的发展规划，并生成行动计划。

最后，协调有关部门，帮助学校获得政策、技术和资源上的支持，以使学校能够更加科学有效地改进办学工作，不断提升教育教学质量。

第二节 基础教育教师教育质量评价

一、教师教育质量评价的本质

（一）教师教育质量评价的概念

基础教育教师教育质量评价是基础教育质量评价的一个分支，是教育评价在教师教育中的运用。因此，基础教育教师教育质量评价具有一般基础教育评价的共同点，同时又具有教师教育的特点。

教师教育专业在知识、技能和习性方面对学生进行培训，培训效果如何是评价师范院校的有力依据。可是，教师教育专业在评价这一领域的发展却很缓慢。

可以说，教师教育质量评价是很晚才发展起来的一个领域。直到1986年加鲁兹还说，教师教育质量评价按当时的情况还称不上是一个研究领域。当时，加鲁兹和克雷格说，教师教育质量评价的经验总结、方法和研究文献都很少。

将教育评价模式运用于教师教育的研究的最早的文献来自1944年特罗耶和帕卡。他们考察了不同院校所进行的评价工作，分析了应用于不同的学习内容（普通教育、专业教育和教学实习）的评价方法。

对于教师教育质量评价的概念，加鲁兹和克雷格把教师教育质量评价定义为：评价是以决策为主要目的的数据搜集过程，研究对象是教育项目对其所服务对象的价值。也有学者认为，教师教育质量评价是教师教育活动的一个重要组成部分，它是以教师教育目标为依据，运用有效的评价技术和手段，对教师教育活动的过程和结果进行测定、分析、比较，并给予价值判断的过程。田爱丽博士则认为，教师教育质量评价是在对教师教育进行事实判断基础上所进行的价值判断活动。还有学者认为，教师教育质量评价，是根据一定的教师教育价值观以及教师教育目标，运用有效的评价技术和手段，通过系统地搜集信息资料和分析整理，对教师教育活动满足教师教育主体需要的程度进行价值判断的过程。

教师教育活动是否针对教师教育目标而展开，是否能满足社会的需求，是否反映了正确的教育价值观和教师发展观，是否达到预期的效果，能否促进教师的专业发展，这一切都需要通过教师教育质量评价来获得答案。从教师教育质量评价这一概念可以看出，教师教育质量评价是教育评价中的一种特殊形式，是基础教育评价的组成部分，同时也是实现基础教育发展的重要机制，其本质应当反映基础教育规律、体现基础教育发展需要、尊重教师个人成长。

（二）教师教育质量评价的功能

教育评价的目的总是和教育评价的功能联系在一起的。从教育评价理论和教师教育的评价实践来看，教师教育质量评价的功能可以概括为以下方面。

1. 诊断性功能

教师教育质量评价是对教师教育事实进行诊断：是否达到教师教育目标的要求；教师教育机构所采取的措施是否符合教师教育规律；教师教育过程中有没有出现什么问题以及问题出自何处……通过一系列的教师教育诊断性评价发现并找到教师教育中的症结，以促进改进。

2. 导向性功能

教师教育质量评价的导向性功能，是指教师教育质量评价可以引导教师教育趋向于理想的目标，朝着更好的方向发展。合理的评价行为及结果可以为教师教育主管部门指明工作方向，帮助教师教育院校明辨自身使命和任务，明确办学目标，同时通过评价活动，提高人们对教师教育活动的认识，扩大教师教育的社会影响力。

3. 激励功能

教师教育质量评价的激励功能，是指合理有效地运用评价，可以激发被评价者的内在动力，调动他们的潜能，增加他们工作的积极性和创造性。教师教育质量评价要重视这种激励作用，并且通过激励来激发评价对象的内部动机。

4. 改进功能

改进功能与诊断功能是联系在一起的。教师教育质量评价秉承我国基础教育评价"以评促改，以评促建"的精神，通过评价使各教师教育机构明确自身的优势和不足，促使被评价者不断优化其教育行为，控制和改进工作，坚持正确的办学方向，从而提高教师教育质量。

5. 鉴定功能

鉴定功能指鉴定评价对象达到教师教育目标的程度和水平。鉴定可以分层次，也可以进行结果量化排序。教师教育质量评价结果的发布采取什么方式，要根据评价之前设计的目的而定。

二、我国基础教育教师教育质量评价的发展进程

我国的教师教育质量评价制度在1983年之前并不是很完善，当时作为教师教育质量评价主要形式的教师职务评审制度仅局限于高等学校教师，广大中小学没有开展教师职务评审、考核、聘任工作。总体而言，我国的教师教育质量评价开始相对较晚。

（一）我国教师教育质量评价的发展历程概述

1. 始建时期

我国基础教育阶段的教师教育质量评价制度建设始于1983年。在1983年8月国家教委印发的《关于中、小学教师队伍调整整顿和加强管理的意见》中提出：从政治思想表现和工作态度、教学业务能力和教学效果、文化程度三个方面，对每个教师进行考核，作为培训提高和调整安排教师工作的依据。

在1983年至1985年间，我国主要通过"考勤、考量、考质"来综合考核教师。同时，为了改变教师教育质量评价不公平的局面，我国采取了以学生的学习结果来评价教师的办法。总之，这个时期主要采取奖惩性评价方式。

1984年1月24日，《中国教育报》刊登了一篇《浅议对教师的评比和奖励》的文章，批评了以学生成绩为依据对教师进行奖惩的评价方式，引起了广泛的关

第六章　新时代基础教育质量评价的实施策略与改革要求

注。之后该报开展了如何评价教师的讨论，认为对教师的评价要全面准确，这为我国以后的教师教育质量评价积累了经验。

1986年前，关于优秀教师的评价主要是依据1983年国家教委印发的《关于评选优秀教师的几点意见的通知》，采取基层民主选举和上级考核相结合的办法评选。同年，国家教委印发的《教师职务试行条例》是我国教师教育质量评价发展史上的分水岭，主要由于：①条例规定了"教师职务"不再是中等学校教师的专有名称，而是各级各类学校为教师设置的不同工作岗位，各级各类学校都必须实行教师职务制度。这为学校开展教师职务评审、考核、聘任提供了制度上的依据。②它标志着我国教师职务制度的初步健全，结束了中小学教师职务缺失的历史。

2. 全面建设和法制化时期

20世纪80年代后期至20世纪90年代中期，我国的教师教育质量评价逐渐转入制度化和规范化，教师职务制度、教师资格制度等有关教师评价的制度被写入了《教师法》《教育法》，使教师教育质量评价有了法律保障。

1993年颁布的《教师法》，对我国教师资格的任用、考核、奖惩做出了法律规定。1995年《教育法》明文规定："国家实施教师资格、职务、聘任制度，通过考核、奖励、培养和培训，提高教师素质，加强教师队伍建设。"1995年颁布的《教师资格条例》，进一步完善了教师教育质量评价制度。

这一时期，我国的教师奖励制度也得到了新发展。1989年，国家教委印发了《嘉奖优秀教师和教育工作者暂行办法》，明确规定了优秀教师的评选条件、评选办法和奖励方式。其重点是评审"人民教师奖章"获得者和授予"全国教育系统劳动模范"称号人选。1992年，国家教委又印发了《教师和教育工作者奖励暂行规定》。该文件规定，"优秀教师每两年评选一次"，表明我国的优秀教师评选已制度化。1993年，国家教委对原来的特级教师评价进行了修改，发布了《特级教师评选规定》，要求特级教师要具有中小学高级教师职务。我国的教师奖励制度得到了进一步健全。

3. 健全和完善时期

20世纪90年代后期至今，我国的教师教育质量评价制度进一步健全、完善。一方面，我国的教师职务由任命制转向聘任制，逐渐实现由评聘一致转向评聘分离。另一方面，教师奖励制度进一步完善。基于此，教师教育质量评价实践工作得以全面开展。

1998年，国务院教育行政部门将《教师和教育工作者奖励暂行规定》修订为《教师和教育工作者奖励规定》，将教师中获得"全国教育系统劳动模范"改为"全国模范教师"，并规定每三年评选一次。

1999年，国务院举行的全国教育工作会议发表了《关于深化教育改革全面推进素质教育的决定》，提出建设高质量的教师队伍是全面推进素质教育的根本保证。

2000年9月23日，教育部印发了《<教师资格条例>实施办法》，我国教师资格审核工作正式全面启动，关于合格和不合格教师的评定，必须通过严格的考核来体现。

2001年，教育部印发《基础教育课程改革实施纲要（试行）》，其中提出全国中小学试行专业发展型教师评价制度，"建立促进教师不断提高的评价体系。强调教师对自己教学行为的分析和反思，建立以教师自评为主，校长、教师、学生、学生家长共同参与的评价制度，使教师从多种渠道获得信息，不断提高教学水平"。2002年，教育部印发《关于积极推进中小学评价与考试制度改革的通知》，指出了建立有利于促进教师职业道德和专业水平提高的评价体系。

通过以上的概述可以分析出，我国的教师教育质量评价方式主要以奖惩为主，正因如此，它也成了我国教师教育质量评价被指责的主要原因。有学者指出，片面的量化管理会扼杀中小学教师的创造性和更深层次的思考。这里并不是讲量化不好，而是要避免走向极端。过分地追求量化往往会束缚教师的创造性，也很容易陷入形式主义，这样的量化不如不要。量化评价和质性评价的结合一直是当前研究的重点，两者怎样形成一种良性的平衡发展也是学术界研究的目标。

我国学者王斌华认为，高利害的奖惩机制是实现教师评价专业发展的障碍。他提倡实行发展性教师评价，这为我国研究教师教育质量评价提供了新思路。但是，我国已有的教师教育质量评价制度有一定的合理性，如果强行实行温和的发展性教师评价，可能会造成难以预料的难题。如何在已有评价和新的发展性评价之间保持必要的平衡，做到综合运用，是值得认真、深刻思考的问题。

对我国目前的评价体系来说，主要是应当做到综合运用多种评价方法。这虽然不能说是最完美的解决方法，但它保证了评价标准的全面性，也使教师易于接受。而想要制定出使所有教师都满意并且促进学生发展和教育发展的评价制度相当不易，我们也只能在探究、摸索、引进中更加精益求精，努力向这个方向前进了。

（二）当前教师教育质量评价存在的突出问题

当前的教师教育质量评价在体现和服务教师落实立德树人根本任务这一根

本遵循上仍然有所偏离，具体体现在以下几个方面。

在评价内容上，将立德树人简化为教学成绩，未能体现立德树人的核心要求。其一，强调易量化的指标，忽视立德树人的复杂过程。其二，强调常规落实，忽视教师育人方式的转变。

在评价的方法上，多元化的评价方法仍不广泛、不规范，无法实现对教师立德树人的精准刻画。其一，过分强调定量统计，忽视质性方法的使用。其二，过分强调学生发展结果，忽视发展的起点与过程。其三，一些新型的评价方法虽被使用，但是仍未得到应有的重视和推广。

此外，多头重复评价侵占了教师立德树人的时间和精力，增加了教师的工作负担。总体而言，我国教师需要接受课堂评价、年度和月度考核、绩效评价、职称评定、职务评价等多方面的评价，还需要接受教学评价、师德评价等各类专项评价。当前教师普遍存在工作时间长、教学任务重、非教育教学性事务干扰大等问题，减负愿望强烈。而大量的评价活动如果未能被统筹打通，很容易给教师造成负担，特别是增加教师的文牍负担。

三、基础教育教师教育质量评价实施的策略

（一）教育行政部门保障教师教育质量评价的实施

实现基础教育的优质发展，完善教师教育质量评价，确保教师队伍的优质发展，提升基础教育阶段的教育质量，都离不开教育行政部门对评价的支持与重视。在基础教育教师教育质量评价中，教育行政部门要根据地方学校的教育实际情况，制定切合实际教育发展的教师教育质量评价体系。

1. 制定区域教师发展评价体系

（1）明确"学校教学根本，科研基础"的评价导向

地域之间的教育存在着差别，教育行政部门要考虑地方学校教育的现状和不足之处，从而制定合理的教育发展目标。在教师的评价方面，一方面，要考虑到每个学校的差距，提供多层级的教师教育质量评价方案，以学校教学为根本的定量评价为主，结合本地区发展方向，建立学校特定化的教师教育质量评价配套体系；另一方面，根据每位教师教龄长短的不同，提供不同发展阶段的评价内容，以科研为基础的定性评价为主，对教师教育能力、教学效果、师德表现等方面进行类别和层次的划分，进行教师质化的评价。

（2）坚持"师德品质，立德树人"的评价理念

教师教育质量评价以树立良好的师德品质、立德树人为指引目标。在教师教育质量评价中，以师德品质及职业道德规范促进教师的专业发展，对教育教学管理具有导向作用。

在教师教育质量评价中体现师德品质的理念，首先，要充分体现教师的职业规范，严谨治学的态度，关爱学生的品德，身正为范的表率，以及对学生立德树人的榜样作用，对学生学习和成长产生积极影响。其次，在制定教师教育质量评价体系的过程中，要认真分析教师的权力和义务，尊重教师看法，解决评价中的歧义条目，抓住教师心声和社会期望的共同契合点，制定科学、规范的教师教育质量评价内容。最后，教师教育质量评价指标应符合新时代教师发展目标，为国家培养出以德为根本，在德、智、体、美、劳方面全面发展的社会主义教师人才，符合以服务国家和社会、增强自身责任感为评价目的的教师职业发展方向。

2. 督促学校有效实施教师教育质量评价

（1）监督学校公平、公正地进行教师教育质量评价

学校教师教育质量评价需要在制度的保障下进行。只有制定出规章制度，才能促使学校评价公平、公正、有序进行。对评价整个过程的公开监督，可以用制度中的条款，对学校参与教师教育质量评价的人员进行约束，保障评价的良好运行。同时，合理的评价制度细则需要切合当地学校实际发展现状。

制度可以保障评价的客观性和真实性。一方面，制度的制定和实施可以督促学校进行教师教育质量评价，避免学校出现消极应对上级部门检查的情况，或出现弄虚作假的形式主义现象；另一方面，制度的制定和实施可以保障在教师教育质量评价中，找出问题、分析原因、做出对策，从而促进当地教育质量的发展。

（2）引导学校提供教师教育质量评价的咨询与培训

学校在实施教师教育质量评价的准备工作之前，相关负责人员要做好对评价内容的详细阐述，以保障教师教育质量评价的有序进行。一方面，学校在开学初的校际会议上，要明确整个学期的教师教育质量评价的流程和各部分阶段的内容，清晰地展示给每一位教师，让教师做到心知肚明。同时为教师提供必要的评价咨询周期，通过投票或讨论方式进行评价的审议通过，并对教师教育质量评价结果做校内公示。另一方面，针对教师教育质量评价中的教师"自评"和"他评"，要进行必要的培训。上级教育部门组织传达培训的具体内容，引导教师根据评价做好个人规划，针对每个阶段的目标及调整方式等内容给予教师以指导。

第六章 新时代基础教育质量评价的实施策略与改革要求

3. 开发信息网络教师教育质量评价方式

（1）纵向的自身发展递进式的教师教育质量评价

教育行政部门可设计信息网络形式的教师教育质量评价，评价内容应转变传统的"应试教育"和个人利益主义的思想，而以新时代中国特色社会主义的人才强国战略为导向，以"立德树人"为准绳，以提升教师职业和道德素养为目标。首先，在教师教育质量评价中，可以以"成长档案袋"的方式记录教师个人发展的成长过程，发挥教师专业成长路径的激励作用，促使基础教育教师摆脱消极意识，朝着钻研教育教学的方向奋进。其次，摆脱评价的问责和压力对教师教育质量评价造成的影响，让教师把主要精力集中在对学生的教育教学上。最后，通过教师教育质量评价，帮助教师进行个性分析，从而辅助教师找准发展方向。

（2）横向的比较分析并列式的教师教育质量评价

当今时代，信息技术迅速发展，"互联网+"模式不断运用到教育领域。教师教育质量评价采用信息网络的大数据管理方式，较大程度上摆脱了主观因素造成的评价偏差。网络数据分析能较为清晰、准确地对每位教师进行信息整合和建造模型，挖掘教师的内在潜力，分析教师的发展方向。

教师教育质量评价在网络形式开发的横向比较中，首先，评价设置要体现出教师积极工作热情的横向比较，增加对基础教育事业的荣誉幸福感项目，如教师在教育过程中所获得的荣誉。即通过评价中的加分项来保障教师对教育教学的热情，设置不同层级分数对应相应的荣誉。其次，通过完善教师教育质量评价体系、规范管理制度，对职称评定、绩效工资、职位晋升等方面提供数据上的支持，更好地辅助学校管理建设。最后，在评价的设定上，要充分考虑职位之间权值的分布，无论是班主任教师还是科任教师的评价，须公平、均衡设置，以体现教师教育质量评价的整体公正性。这也是在教师教育质量评价中最重要的部分。

（二）学校管理部门改进教师教育质量评价的措施

在学校进行教师教育质量评价的过程中，要摆脱奖惩性评价为目的的主要评价形式。奖惩性评价虽然对教育教学的质量起到保障作用，但难以对教师专业发展提供积极的促进作用。学校应以发展性评价为主，提升教师在评价参与中的积极性，使教师自身能认识到专业发展的重要性，从而促进学校教育教学质量提升。

1. 促进教师教育质量评价主体多元化

评价主体多元化主要是指教师教育质量评价要尊重价值多元化取向，使参与人员尽量来自不同利益主体，反映更多人的需要。多元主体可以保证评价信息的真实性。

（1）构建"三位一体"的信息反馈网络

教师教育质量评价主体在空间上应从学校转向包括学校、社区和家庭等在内的多主体共同参与，以学校为主，建立社会评价中介机构；学校内部形成管理者、教师、学生交互作用评价模式，以教师自评为主。因为来自不同阶层的人员对教师的需求不同，看问题的视角也不同，所以不同向度的评价信息有利于对教师做出客观公正的评价。在多元主体理念下，评价者可以是教师或教师小组，可以是学生或学生小组，可以是家长，也可以是社区或有关部门等。要增强评价主体间的互动协调，以全面性与准确性的多渠道反馈信息促进被评者的发展。

（2）以教师自评为主，形成"自评—他评—再自评"的整合模式

教师是教育教学活动和发展的当事人。通过自评，教师能够明确本人目标达成度、教学技能的改进程度、知识的增长程度和学生的发展情况，能把对自身行为和发展状况的自我检查和评定寓于日常的教育教学活动之中，不断调整自我行为和心理状态，形成自我反馈。评价实践证明，在实施他人评价之前，被评者根据评价标准，都会有或显性或潜在的自我评价行为。在他人评价的过程中以及评价刚结束时，也都会有或显性或潜在的自我再评价行为，决定对他人评价结论是否认同以及认同的程度。重视教师自评有利于消除评价双方的对立情绪。雅斯贝尔斯说："我们愈是充分地认识现在的自己，我们就愈是对未来充满信心。"教师的自我反思与评价是促进教师发展的内在动机。

没有自评的评价是一种外加的评价，没有他评的评价是不完善的评价，两者都易使评价陷进主观的盲目主义漩涡。教师教育质量评价虽以自评为主，但同样需要外在的领导评价、学生评教、同行评价、社会评价等。外在评价可以实现对教师职业发展过程的调控，因此必须同被评教师的内在需求相适应。只有教师有了被评价的需要，对评价有信任感，把评价作为自身发展的需要，才能主动接受他人的评价。自我评价是基础，他人评价是条件，在相互信任与合作的基础上将二者统整起来，可以形成"自评—他评—再自评"的完整运行模式，有利于促进被评者的发展和教育质量的提升。

（3）允许教师自主挑选评价者

教师教育质量评价过程是一个连续、互动的过程，评价双方的合作和互相接受很重要。在这个过程中，评价双方的关系是否融洽、和谐，会影响评价的顺利开展。如果被评教师对评价者不满，甚至产生抵触情绪，评价很难开展，即使进

行，也很难保证评价信息的真实性和评价结论的科学性。因此，某些情况下要允许教师选择评价者，然后再由学校协商、调配。如开展合作教师评价，被评教师将在目标设定、专业成长和发展上选择一个或多个同事合作，同事之间相互支持，通过合作教师的观察和反馈可以很好地提高教师的知识和教学水平。

2. 强化教师教育质量评价结果的改进作用

（1）营造教师教育质量评价的反思性氛围

教师教育质量评价要通过被评者反思来体现其效用性，而反思效果直接作用于评价的意义。

首先，被评价教师要认识到评价的真实目的，对于需要改进的方面进行自觉的反思。在学校的教育教学中，班主任承担着多项教育的责任，繁杂的工作会造成班主任无暇顾及更多的反思，那么就需要学校的合理配置，减轻班主任教师的繁重任务量。

其次，学校要通过教师教育质量评价与教师沟通，挖掘被评价教师内心中影响自身专业发展的真正因素，协助教师积极主动地进行反思，改善教育中出现的问题，切实树立教育理想，发挥出真正的教育水平。

最后，职业成就感是教师教育质量评价对教师自我反思的最大动力。学校在日常教育教学中，对教师给予专业认可，能形成教师自我反思的动力；社会对教师职业给予重视，能形成教师积极的反思态度。学校应积极营造反思氛围，提升教师教育质量评价的作用效果。

（2）注重教师教育质量评价结果的及时反馈

及时有效的评价反馈是促成目标和任务达成不可缺少的重要条件。在教师教育质量评价的效用性上，学校要考虑教师真正的接受程度，考虑教师是否在教师自我评价与其他评价的结果和改进意见上达成一致，从而进一步制定目标及任务的发展方向。一方面，对于评价结果的整体效用性进行全体教师商榷，并提出学校整体的发展方案；另一方面，针对教师个体的效用性评价结果要具有对比，即在教师通过评价结果进行改进和提升的过程中，进行持续性的验证，对比之前的评价，判断是否改变，从而进一步提升教师的专业水平。

（3）提升元评价对教师教育质量评价的作用

在基础教育教师教育质量评价实施过程中，需要每一位教师认识到评价给自身带来的意义。教师教育质量评价目的不是区分教师的优劣，而是促进教师的专业发展，提升教师的职业追求。

首先，学校要做到教师思想的统一，对评价中需要改进的问题，要避免教师产生消极的情绪，要让教师意识到消极地忽视、对待评价只能使评价失去作用效果。其次，教师作为教书育人的领路人，需要不断地汲取新知识。因此学校要积极听取评价中教师提出的建议。只有教师积极于实践，才能在实践的反思中成长。最后，元评价（对评价本身的评价）是对评价的检验过程。学校可以通过元评价发现评价中的问题，使教师准确把握改进方向，对提升教师的专业发展给予保障，对教育发展产生积极的推动作用。

第三节　基础教育学生评价

一、学生评价的本质

（一）学生评价的内涵

学生评价是依照一定课程目标对学生个体学习的进展和变化进行价值判断，并把判断结果反馈于教育实践以改进教学。它包括对学生智能、态度、个性、能力倾向以及兴趣、爱好的评价。学生评价是教育评价领域中最基本的一个领域，也是其最为重要的一个组成部分。

学生评价不能仅仅理解为对学生的学习成绩或学习结果进行评价，它除了关注学生掌握的知识与技能，还关注学生的情感、态度、价值观等情感领域的发展；除了采用测试的手段，还采用其他手段收集信息，进行评价；除了进行终结性评价，还进行过程性和发展性的评价；除了依靠笔试的手段，还依靠开放的及多样化的方式进行评价；除了使用百分记分法和等级记分法，还使用描述语句、模糊分数等评价方法；除了评价预计范围内的成就，还评价预计范围之外的成就。它的主要目的不是对学生学习成绩的优劣进行评比，而是通过评价激励学生的学习，根据学生的实际情况改进教学进程，以促进学生更好发展。

（二）学生评价的功能及意义

学生评价的功能是指评价体系的要素所能发挥的特有能力或积极作用。

①学生评价有助于把握学生学习起点，正确地确定教学目标，选择教学策略。学生在进入新的一门课程的学习时，要有一定的知识、技能作为基础，以一定的学习积极性作为动机力量。而通过定位性学习评价（在特定的教学活动之前进行

的评价，以判定学生的前期准备），教师可以了解学生在学习一门课程时的相关知识、技能与学习态度，可以为其确定适当的教学目标。

②学生评价有助于评定学生学习的结果，做出恰当的教学决策。在一个单元或一门课程结束时，进行学生学习的总结性评价，对学生的学习是否达到预定的教学目标与达到教学目标的程度做出判断，有助于做出恰当的教学决策。

③学生评价有助于教师了解教学的得失，改进教学方法。通过在教学过程中进行学生评价，教师能及时得到有关教学情况的反馈信息。当教学比较成功的时候，教师就可以设法巩固已有的成绩。当教学效果与预期目标有较大差距的时候，教师就要找出问题所在，及时改进自己的教学。

④学生评价有助于了解学生的学习困难，帮助学生找出存在的问题。诊断性学习评价的主要任务就是在学生学习出现困难时，帮助其找出困难背后的问题。在学生学习出现困难时，一味地责怪学生不努力，试图通过给学生施加更大的压力来改变学生学习的状态，这在大多数情况下，都是收效甚微的。学生学习困难背后的原因是多重的，只有找准了影响学生学习的主要原因，有针对性地采取措施，才能取得较好的效果。诊断性评价在这方面可以发挥很大的作用。

⑤学生评价有助于激发学生学习的动机，促进学生的学习。学生可以通过评价了解自己目前的状况和水平，把评价的结果作为学习、发展的动力，促进学生的学业与其他方面的发展。

通过以上分析可以看出，学生评价是学校教育活动的重要环节，也是保证学校教育活动沿着正确方向发展的重要手段。

二、基础教育学生评价存在的问题及成因

（一）基础教育学生评价存在的问题

1. 评价功能单一

（1）突出鉴定功能

鉴定功能是评价中表现最为明显的功能。正是因为教育评价是有一套相应的标准作为依据的，因此得出教育评价具有区别高低好坏、审查标准是否达到的功能。鉴定功能也是教育评价的基本功能。"鉴定"首先是"鉴"，才能"定"，即先要仔细审查评价的对象，然后才能定下结论。

当前中小学的素质报告册上基本取消了分数，取而代之的是"等级加评语"，这就是为了避免过分鉴定的消极影响。通过调查我们发现，现在我们的教育评价

功能往往只突出了它的鉴定功能而忽略了其他的功能，从而导致了评价功能畸形化。而较好的做法是，我们应该在并不否认评价的鉴定功能的同时，注重发挥评价的其他功能，如激励功能。

（2）缺乏激励功能

在评价的等级结果出现以后，学生和学生之间通常会有比较，这种比较大多是潜意识的，不是刻意的。把这个问题一分为二地来看，这可能会对学生造成压力，也可能会让学生朝着好的目标发展，形成一种激励与鞭策。

一般来说，人们想获得自身价值的美好愿望是每个人心目中的向往，与人们的年龄大小不相关。在较好的评价实施中，好的评价结果会让被评价者兴奋，不好的评价结果会激励被评价者奋发。举个例子，对所谓的优生跟差生提出同一标准的要求，优生轻而易举就能够达到，而差生却是通过了自身的百般努力才达到，这时我们就要把差生评为更优秀，因为我们要看到学生自身努力程度的高低。

评价者只有做出公平、科学、客观、合理的评价，才能够真正起到评价的激励作用。而在我们的评价过程中，往往忽视了评价的激励功能这个重要的内容指标。

（3）没有综合运用

在发挥评价的功能作用方面，教育评价应该综合运用评价的各个功能才能取得好的评价效果。

对于评价的导向功能来说，学生为了达到学习目的，他必须按照一定的方向和程度来努力，这种努力的要求不光是家长和老师所期望的，更是社会所需要的方向。总体来说，评价教育办得好不好，关键就是看它是否符合社会发展的需要。从这个方面来说，评价的导向作用是与社会导向一致的。有了评价的导向功能，教育工作者就可以给被评价者明确的指示。比如有很多学生认为平时的成绩不重要，只要期末考试那一次考好就够了。这时，教师可以分配各阶段考试结果的比重，如平时成绩占40%，期末成绩占60%等，这样学生就会根据标准来重视平时成绩。

评价的诊断功能，是指评价者根据设定的评价标准来做出价值判断，诊断出教育活动中哪些环节做得好，应该加以保持和提高，也能够指出哪些环节还存在着问题，找出存在问题的原因，再有针对性地找到改进的途径和措施。教育评价过程与如同看病就医，只有经过科学的诊断才能够"对症下药"，解决教育评价中发现的问题。教育评价的诊断作用在提高教育工作质量上具有特殊重要的位置。

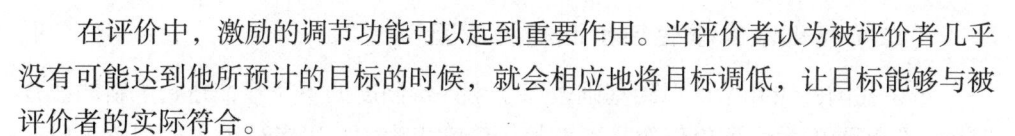

第六章　新时代基础教育质量评价的实施策略与改革要求

在评价中，激励的调节功能可以起到重要作用。当评价者认为被评价者几乎没有可能达到他所预计的目标的时候，就会相应地将目标调低，让目标能够与被评价者的实际符合。

评价的管理功能，是指管理者通过发布通知等来进行导向、激励、监督和检查，以及鉴定，这样来实现评价的调节、控制、规范的功能，从而让教育目标的实现有所保障。管理功能的有效发挥，是建立在一连套严格的操作程序基础之上的，这相对于一般的经验管理功能来说要好得多。

评价者在进行教育评价工作时，各种功能应当综合运用，不要把它们隔离来看。另外，评价者还应该留意到各种功能都是具有两面性的，只有准确地把握好评价的标准与尺度，才会产生积极的作用。

2. 评价标准单一

基础教育学生评价内容多过于注重学业成绩，忽视了学生全面发展和个体差异。

现行的基础教育评价把教育评价的价值主要放在了甄别功能上，与之相应的，教育评价内容主要是智育，注重知识和技能，其标准是单一的。这种单一标准，不仅忽视了学生的德育、体育、美育、劳动技术教育等内容，而且对学生的学习能力、创新精神、学习态度和习惯等缺乏重视。

3. 评价方法单一

基础教育学生评价多注重量化评价，忽视质的评价；多注重相对评价，忽视绝对评价和个人差异性评价。

在现行的基础教育评价中，过分注重分数，注重等级，注重量化。在考试这一主要的评价手段中，强调相对评价，注重学生之间的比较，淡化绝对评价和个人差异性评价，给学生心理造成巨大的压力，制约着学生的成长。同时，现行的基础教育评价对学生发展过程评价的方法不够重视，没有根据评价的目的、性质、对象的不同，选择相应的评价方法，因此评价方法的多元化格局未形成。

4. 教育评价主体"错位"

教育评价主体"错位"，是指在开展教育评价时，主要由政府、学校、教师做出评价，明显呈现出"他评"的特征，使被评价者始终处于一种消极的被动地位。这种评价主体的"错位"，忽视了被评价者的作用，使教育评价活动成了一种被动、消极的活动。现行的学校评价中，学生基本上处于被动地位，自尊心、自信心得不到很好的保护，学生的主观能动性得不到很好的发挥。

（二）基础教育学生评价问题的成因

虽说我国已经开始认识到基础教育学生评价制度的不完善，开始了新的教育改革，但目前的学生评价仍然是以教师评价学生为主，以考试为主要评价手段。这种评价方法过分地强调了评价的甄别功能，从而忽视了促进学生发展的育人功能，一定程度上阻碍了学生的全面发展。这种评价方法的存在是因为对素质教育的认识不够全面。

素质教育是相对于应试教育而言的。它是指教育的目的是提高教育者各方面的才能与素质，培养教育者的个性发展与创新精神，由重知识转变为重能力，让教育者身心发展都朝着健康的方向而努力的一种教育形式。素质教育的目的就是提高全国人民的普遍素质，促进人的发展，是一切以人为本来进行的教育。素质教育注重人的心理健康发展，提高人的学习兴趣，激励人的学习热情。

1. 素质教育并非"轻智育"教育

在提及素质教育时，有人容易把素质教育与智育的概念弄混淆，认为素质教育与智育是对立的，认为素质教育的减负就是不要学习太多的文化知识，这个错误的观念需要予以纠正，素质教育并非"轻智育"教育。

有的学者认为，智育仅仅是文化科学知识的教育；也有学者认为，智育不仅仅指文化知识，还主要指开发各项智力的教育；理论家们普遍认为，智力是一个可以培养的成分，后天环境对智力的影响是非常巨大的。朱光潜在《谈美感教育》中指出："智育叫人研究学问，求知识，寻真理。"

虽然说素质教育的核心内容应该是智育，但是我们应该充分认识到智育与素质教育两者之间并不能成为相矛盾的对象。智育可以起到提高人们各项内在素质的作用，素质教育是全面提高学生素质的活动，智育又是素质教育的核心内容，也就是说，智育也是全面提高学生素质的重要活动，素质教育并非"轻智育"教育。

2. 素质教育并非"无管教"教育

有些人认为，素质教育就是要发展学生的个性，可是发展学生个性并不是任其自由，并不是无须管教。"养不教，父之过。教不严，师之惰。"对于学生好的性格和好的习惯，我们要进行表扬和鼓励。对于学生不良的性格和不良的行为，我们除了要进行批评指正，还要进行严管。教师应该正确地引导和指导学生的学习，不能放任自由。基础教育的学生年龄较小，他们的成长离不开管教。

从积极的意义上来说，学生还处在成长的时期，具有丰富的潜力和可塑性，具有广阔发展的空间，他们需要得到教师的悉心指导与家长的适当督促，这时的教育是一种"需要管教"的教育。

三、基础教育学生评价实施的策略

（一）加强学生学业评价技术的现代化

随着人们对评价内容全面性的重视，一些评价工作者已经不再把测验当作唯一的评价工具，与各种评价内容属性相关的评价工具的开发也受到了评价工作者的重视。近年来，随着计算机技术、测量与统计技术的发展，学生学业评价的技术应用也日益广泛、完善。

从20世纪90年代中期开始，计算机技术飞速发展。计算机化测试进入了一个崭新的发展阶段：静态的刺激（文字或图形）被动态的录像所代替；测试的情境也与实际生活更加接近。如听力测试不再是只听到录音磁带的声音，同时还可以看到会话者的动作、神态和表情；试题也不再是纯粹的选择题，考生可以录下自己的回答，作为口试，也可以输入答案，作为笔试，即使用笔书写，答案也可以使用扫描仪方便地输入，甚至学生的实际操作情况也可以通过摄像机加以记录；除选择题可由计算机进行评分外，考生的其他答案可传送给训练有素的评分者加以评阅；即使是数学中的应用题，某些软件也已实现了拍照判对错的功能。

在不久的将来，我国学生学业评价手段的现代化将得到更广泛的使用。

（二）加强学生思想品德与心理素质的评价

学生思想品德与心理素质评价应注重理论与实践的结合，并渗透到其他学科的评价中。基础教育应注重对学生综合素质的考察，不仅要关注学生的学习成绩、创新精神、实践能力，而且要关注学生的心理素质、学习兴趣与情感体验等方面的发展。今后，学生思想品德与心理素质评价的发展趋势为：指标体系将更加注重"知、情、意、行"的统一，采用理论考核、日常行为观察、社会实践评价等相结合的方式，进行全面的考评；同时，思想品德与心理素质的部分考评内容会更多地渗透到其他学科的评价中，如爱国主义情操、社会责任感、环境意识、合作精神、科学态度等。

班主任在学生思想品德与心理素质评价中有着举足轻重的地位，因而班主任必须具有认真负责的工作态度，要严格掌握标准，深入地了解学生实情。班主任要搞好学生思想品德与心理素质评价，必须抓住家庭评价这一环节，为此要对家长参评进行指导，使家庭教育与学校教育结合起来，以便通过评价进一步培养学生良好的思想品德与心理素质。评价结果要有合理的打分，有确切的文字表述，使思想品德与心理素质评价真正具有客观可靠性与权威性。思想品德与心理素质评价要按学生年龄、心理及行为特点分层实施，要符合学生实际和行为习惯，要注意行为习惯养成的连贯性与反复性。同时，思想品德与心理素质评价要与各科教学、团队活动、第二课堂结合。

此外，在基础教育阶段，在语文、科学、物理、化学、生物、地理、政治等课程的教学中，都应当渗透对学生思想品德与心理素质的培养。如教《日月潭》时，教师可利用插图引导学生仔细观察清澈的湖水，像明珠一样的小岛，茂密的树林，倒映在潭水里的山峰和树影，让学生有身临其境之感，并引导学生意识到，这是祖先留给我们的宝贵财富，我们有保护它们的责任。

第四节　基础教育评价的改革要求

一、基础教育评价改革所面临的问题

（一）评价理论建构先天不足

我国对教育评价理论的研究应该说是 20 世纪 80 年代以后进行的。这些研究使我们接受了新的理念，接触了新的工具，掌握了新的方法，产生了新的效益。但是，我们真正对基础教育质量评价的研究是不足的。

直接引进来的国外教育评价理论，由于理论源头复杂、多元，在实践中导致使用者根据自己的理解各取所需，往往使争论性多于认同性。国外教育评价中较为复杂的教育测量大多用于科学研究和决策参考，而在引入的过程中，我们又力求将理性认识全面体现在教育教学的评价指标体系之中，以致在应用中操作难度大，可操作性差，往往造成概念性多于实用性。不少地方采取的是没有深入研究的照搬照套，学校里充斥着上级布置的或自己制定的各种评价方案，校领导和教师的日程里排满了各种检查和评比项目，评价增加了校领导与教师的负担，往往造成功利性多于合理性。因此，形成基础教育质量评价的理论框架和清晰的核心问题是研究的关键。

（二）评价实践缺乏专业支持

长期以来，基础教育质量评价问题一直吸引着教育理论研究者、中小学校长、教师和众多教育人士的关注，但长期以来，真正能够介入实践领域的只有教育督导部门。由于缺乏有效的专业引领，研究人员与实践人员之间的互动不充分，研究人员更多的是从"旁观者"的角度对相关问题进行零敲碎打的理论探讨，研究缺乏全面性和系统性，也无法长期跟踪进行研究。而对学校进行评价的实践者往往是具有行政权威性的。代表政府或者教育行政部门利益的教育督导部门，他们与研究者在一定程度上很难达到平等的合作关系，使研究者的专业独立性很难发挥。在此基础上，基础教育质量评价没有建立起以多种专业背景相融合的研究人员队伍，评价实践的理论指导性、科学性、技术性无法得以保证。

（三）价值判断缺乏量化基础

任何事物都有"质"的规定性，也有"量"的规定性。人们对事物或者现象的认识，包括对其质与量的认识。定性分析是定量分析的基本前提，没有定性的定量是一种盲目的、毫无价值的定量；而没有定量的定性是不科学、不准确的。

实践中的基础教育质量评价，很大程度上还是凭评价者的直觉、经验，凭被评价者过去和现在的状况及最新的信息资料，对被评价者的性质、特点、发展变化规律做出价值判断。这样一来，对被评价者的工作"定性"和"下结论"缺乏量化的基础。而定量分析需要依靠教育统计、教育测量，对搜集来的数据资料进行数量化描述，分析出被评价者的各项指标及其数值，通过比较对照来分析问题和说明问题。

正是通过对各种指标的比较或不同时期同一指标的对照才能反映出数量的多少、质量的优劣、效率的高低、发展速度的快慢等，才能为鉴别、判断提供确凿有据的信息。定性分析与定量分析是统一的，是相互补充的，只有两者结合起来进行分析，才会获得最佳的效果。基于量化基础上的定性分析才是更加科学的，价值判断也才更加可靠。

（四）评价工具开发速度缓慢

西方的教育评价研究与学校评价工作从一开始就是和专业技术的研究、专门评价工具的研发紧密结合的，而且高度重视在数据的搜集、分析方面的方法改进和提升。相对来说，我国的教育评价方法较为单一，评价工具研发力量较为薄弱，评价数据的搜集、整理和分析能力相对欠缺，这些都成了阻碍基础教育质量提升的重要因素。

近些年，受国外研究进展的影响，以及计算机的普及，我国的基础教育质量评价的研究和实践领域已经开始重视对评价工具的开发。但是，由于前期研究的基础较为薄弱、研究人员和实际工作人员的成分较为单一、各级教育主管部门不够重视等原因，在研究技术和方法上仍然步履维艰，导致基础教育数据库的建设速度缓慢，数据的量化处理较为困难。我们只有加强研究人员队伍建设，开发多样化的研究技术与方法，提升评价工具的水平，争取主管部门的更多支持，才能从根本上提高评价工具研发的水平，提升基础教育质量评价水平。

二、基础教育评价改革的总体要求

（一）指导思想

全面贯彻党的教育方针，落实立德树人根本任务，遵循学生身心发展规律和教育教学规律，坚持科学的教育质量观，充分发挥评价的正确导向作用，推动形成良好的育人环境，促进素质教育深入实施。

（二）基本原则

①坚持育人为本。综合考查学生发展情况，既要关注学生学业水平，又要关注学生思想品德发展和身心健康；既要关注学习基础，又要关注兴趣特长；既要关注学习结果，又要关注学习过程和效益。

②坚持促进发展。注重发挥评价的引导、诊断、改进、激励等功能，改变过于强调甄别和简单分等定级的做法，改变单纯强调结果和忽视进步程度的倾向，推动中小学提高教育教学质量、办出特色。

③坚持科学规范。遵循教育评价的基本要求，评价内容和评价方法科学合理，评价过程严谨有序，评价结果真实有效，不断提高评价的专业化水平。

④坚持统筹协调。整体规划评价的各个环节，整合和利用好相关评价力量和评价资源，充分发挥各方面优势。协同推进相关改革，使各项政策措施相互配套，形成合力。

⑤坚持因地制宜。鼓励各地和学校结合实际，针对存在的突出问题和薄弱环节，完善评价指标体系，积极探索适宜的评价方式方法和工作机制，逐步形成各具特色的评价模式。

（三）总体目标

基本建立体现素质教育要求、以学生发展为核心、科学多元的中小学教育质量评价制度，切实扭转单纯以学生学业考试成绩和学校升学率评价中小学教育质量的倾向，促进学生全面发展、健康成长。

三、基础教育评价改革的着力点

为了解决当前中小学教育质量评价实践中存在的问题，更好地推进素质教育的全面实施，我们可以在以下五个方面着力推进基础教育评价改革。

（一）树立全面教育质量观：评价改革的前提

教育质量观是人们对教育质量总的看法和根本观点，它回答了什么是教育质量、为什么要提高教育质量等一系列根本性问题。人们如何评价教育质量，本质上与人们具有什么样的教育质量观密切相关。教育部2013年印发的《关于推进中小学教育质量综合评价改革的意见》从科学发展观的要求出发，将"以学生发展为核心，促进学生全面发展、健康成长"作为中小学教育质量综合评价改革的总体目标，提出了以人为本的理念和以全面发展为核心的科学教育质量观，体现了人本主义在教育中的复归，要求我国中小学教育质量评价重点从传统单一的"知识本位"向全面综合的"人格本位"转变。

那么，我们要如何正确把握科学的教育质量观的深刻内涵呢？我们可从以下两个方面来理解：①关注学生健康成长。学生的健康成长是教育工作的出发点和落脚点。以人为本，就是强调以学生为主体，遵循学生身心发展规律和教育教学规律，满足学生的个体需求。我们需要面向全体学生，尊重学生的人格、个性发展，关注学生健康成长。②促进学生全面发展。当前，教育评价中还存在着片面以学生成绩作为评价学生发展的不良倾向，对此，我们需要坚持育人为本的指导方针，深入实施素质教育，由对学生知识技能的关注转向对学生全面素质养成的关注，综合考查学生发展情况。

（二）改造评价制度：评价改革的保障

基础教育评价改革决定于评价制度和考试制度。

1. 将评价的主动权交还给教育者

我国集权化的教育体制决定了教育的行使过程由教育行政部门负责，也由教育行政部门进行教育资源的分配，这导致教育政策的行政化需求比较浓重。基础教育质量评价改革需要自上而下进行设计和实施，同样也会在这种集权背景下展开，其评价指标体系的设计和具体操作也主要掌握在教育行政部门手中，其他与基础教育有关的主体基本上没有参与基础教育评价设计的自主权。

这种由政府引导基础教育评价改革的途径可以在某种程度上大大加快步伐，易于实施，有一定的积极意义，但同时也阻碍了教育发展对基础教育评价改革的客观需求，使基础教育评价不利于取得客观公正的结果，功利化色彩浓重。也就是说，基础教育评价忽视了社会需要和个体需要，过多地体现了政府部门的教育改革需要。

基础教育评价参与者应尽量反映更多人的需要，有广泛的代表性，尽量来自不同的利益主体。斯泰克在他的"外观评价模式"中也提到：评价者应包括各种各样的人。同时，基础教育评价参与者要对评价活动的结果能直接承担责任，如果达不到这个要求，这些参与者的意义就丧失大半。此外，这些参与者还要能积极主动地参与评价活动，能对目标完成与否起直接的作用，并能根据评价结果就基础教育发展提出有益的良善意见。

根据基础教育评价的实际情况，结合以上这些基本条件，基础教育评价主体应以教师为主，并重视课程专家、管理人员、学生、评价机构等做出的评价。

首先，基础教育评价主体应以教师为主。他们了解基础教育的各个细节上、环节上的问题。在基础教育实践中，教师既是基础教育实施的执行者，又是基础教育决策的参与者。同时，教师相对其他人员来说，对基础教育的价值认识最深，最可能提出改进课程和教学的切合实际的建设性意见。因此，教师必须是基础教育评价主体中的核心。

其次，学生应是基础教育评价主体的重要组成部分。从基础教育是否符合学生的全面发展、是否有利于学生个性发展的角度来看，学生对基础教育的优点和缺点体会最深，作为基础教育的面向对象，学生作为基础教育评价主体是非常有必要的。

再次，管理人员、课程专家、评价机构等都可成为基础教育评价主体，甚至社会上其他领域的外在人员也可参与基础教育评价。其他领域的人可以用不同的视角来观察问题，从不同的角度来看待问题，虽然他们大多不能从学科角度出发，但或许能说出有用的"外行话"，能提供有益的建议和意见。而教育界内部的人往往容易限于教育角度，反而忽视了一些重要的方面。

最后，来自不同阶层的人员，他们的需求必然不同，因为所代表的利益集团不同，这样来自不同角度的对基础教育的讨论评定，就十分有利于基础教育的发展。

需注意的是，在进行基础教育评价时，应让不同的基础教育评价主体认识到自己见解的局限性，能够接受其他基础教育评价主体见解的合理性，同时允许基础教育评价的主体都能发表自己对基础教育评价的不同见解，把各自的评价见解平等地展示出来，并能在此基础上通过对话，形成新的基础教育评价意见，达到新的视域融合，从而建构合理的基础教育评价体系。

2. 制度改造的核心问题是改革考试制度

对基础教育评价改革来说，制度改造的核心问题是改革考试，要寻求选拔考试与基础教育评价的一致性。

考试改革的方向应该包括以下几方面：

①考试的目标，要突出考试的诊断、发展功能。考试改革的主要目标就是要改变考试的选拔功能的状况，突出考试的诊断、发展功能，使考试成为发现问题、改进教学，进而促进学生发展的重要手段。

②考试的内容，要重视考查学生综合素质的发展。考试内容可着力在以下几个方面进行改革：强调考试问题的真实性、情境性，加强与社会实际和学生生活经验的联系，重视考查学生分析问题和解决问题的能力；关注对学生的情感、态度、价值观的评价；考试不仅要重视学生得出的结论，而且要重视得出结论的过程，以考查学生的思维方式和思维能力。

③考试的方式，要给予学生更大的自主选择空间。考试方式的选择要考虑学生的年龄特点和个性差异，提倡灵活多样、多次机会、双向选择的原则。

以选拔为宗旨的考试评价制度必须锐意改革，考试改革和评价改革之间必须建立相关的机制，应当趋向于一致。如果任凭两种改革各走各的道，互不关联，各行其是，就会使改革的困境永远无法消解。但是，在很长一段时间里，由于种种原因，选拔考试制度改革不能达到预想的目标，或者是在这段时间里考试改革与评价改革达成一致的条件还没有具备，此时我们应调整对基础教育评价的改革，在保持实事求是的前提下力求达到两者的平衡。这里的原因在于，"足"与"履"的适切性是双向的，只能转而考虑"改履适足"的另外策略，而不能以"削足适履"的办法推进改革，那样付出的代价要更大。

（三）完善评价体系：评价改革的核心

当前的基础教育评价实践领域中还缺乏比较全面、科学的中小学教育质量评价体系，尤其在评价指标、评价标准、评价方式方法以及评价结果运用等方面还存在着很多不足，比如，依据什么标准评价教育质量、从哪些方面评价教育质量以及怎样评价教育质量等问题没有很好地厘清,为此,建立健全中小学教育质量综合评价体系势在必行。我们可从以下五方面对评价体系加以完善。

1. 评价指标的综合研制

很多时候,一提到教育质量,很多人会将教育质量等同于学生的考试成绩或学校的升学率,并将此作为评价学校、地区教育质量好坏的唯一标准。这种"应试教育"的评价质量观极其容易导致人们过度地关注于考试成绩或升学率而忽略了教育最本质的要求——促进学生全面发展、健康成长。事实上,教育质量的内涵非常丰富,它涉及学生德、智、体、美、劳等方面的全面发展,而学业质量只是教育质量其中的一个部分。正如教育部基础教育质量监测中心副主任胡平平所言:"教育质量,从学生来讲,除了学业水平,还应包括情感、态度与价值观,包括学习的能力、学习的情感、学习的兴趣,包括后续发展的各种动力和潜能;从外部来讲,对一个区域群体教育质量的考量还应包括教育行政部门、学校为孩子的发展提供了什么条件、动力和机会,其中就包括课程资源,课程资源包括师资条件,包括教育教学课程的开设,还包括各种投入。"

在《关于推进中小学教育质量综合评价改革的意见》中我们可以看到,《中小学教育质量综合评价指标框架(试行)》包括了品德发展水平、学业发展水平、身心发展水平、兴趣特长养成以及学业负担状况5项评价内容和20项关键指标,并列出了具体的指标考查要点及评价的主要依据。该指标框架着重考查了学生全面发展状况,既关注学生的学业水平,又关注品德发展和身心发展;既关注全体发展,又关注个性发展;既关注学习结果,又关注学习成本;促进了德育、智育、体育、美育有机的融合。这将有助于引导人们树立科学的教育质量观,切实扭转单纯地以学生学业考试成绩和学校升学率作为衡量中小学教育质量的不良倾向。

2. 评价标准的操作化

在评价中小学教育质量的过程中,一个十分重要的问题是,我们依据什么样的评价标准来评价中小学教育质量。可以说,教育质量评价标准的确定,界定了"什么是好的教育质量,什么是不好的教育质量"的问题。《中小学教育质量综合评价指标框架(试行)》中涉及的评价依据主要包括中小学德育工作规程、国家中小学课程方案、各学科课程标准、学校艺术教育工作规程、学生体质健康标准等相关文件。然而,在目前已经出台的相关评价标准中,我们可以发现,有些评价标准存在着内容比较宏观、抽象,表述不清晰,可操作性不强等现状,这些问题的存在既导致评价者理解上的困难,又不利于教师在评价的过程中很好地把握评价的标准，从而使得人们难以全面、客观、准确地对中小学生教育质量进行评价。对此，《关于推进中小学教育质量综合评价改革的意见》中明确指出，对于操作性还不强的评价标准，我们要积极开展中小学教育质量标准的研究和探索，根据相关文件要求和区域实际情况，通过监测跟踪、积累数据等方式，按照各级各类教育的不同性质和特点，分别研究细化相应的评价指标、考查要点，提高其可操作性和实用性，为评价教育质量提供重要的依据，增强评价结果的科学性和公信力。

3. 评价方法的多元化

评价方法是实施评价的手段和工具。我们在面对不同的评价领域和评价对象时，应当选取适当的评价方法进行评价。然而，在现行的中小学教育质量评价实践中，我们主要还是通过传统的统考、统测方法来评价教育质量的现状。究其原因不难发现，一方面，我们还是过于关注学生最终的学习结果，习惯以考试成绩的量化来评价教育质量；另一方面，和其他教育评价的方法相比，使用单一的纸笔测试进行评价，操作上相对比较简单、容易。

从《中小学教育质量综合评价指标框架（试行）》来看，它包括了学生品德水平、学业水平、身心发展以及学业负担等多维度指标的评价体系。如果我们还只是使用单一的纸笔测验方法来开展评价，那么，有关学生的品德水平、身心发展水平以及创新意识、实践能力等方面是无法得到有效测量的，且采用单一的评价方法也是无法全面、真实地反映出教育质量现状的。对此，《关于推进中小学教育质量综合评价改革的意见》指出了明确的方向，要求教育质量评价主要采用测试和问卷调查等方法，辅之以必要的现场观察、个别访谈、资料查阅等手段，运用教育测量与统计的方法进行分析，从不同角度全面地反映教育质量发展的状况。

4. 评价结果的科学应用

评价结果是中小学教育质量评价体系中的一个重要组成部分，既能为教育行政部门科学决策提供重要的参考依据，又能为学校、教师、学生提供必要的反馈信息。那么，对于评价结果，我们该如何科学地加以运用呢？在传统的教育质量评价中，评价结果往往只是呈现单一的考试分数或成绩，并依据分数或成绩对学生和学校进行排名、分级，很少利用评价的结果改进教育教学。针对以上问题，《关于推进中小学教育质量综合评价改革的意见》分别从以下两个方面做了具体说明。

在评价结果呈现上,《关于推进中小学教育质量综合评价改革的意见》明确提出了评价结果必须具体详尽、评价报告必须具有针对性的要求。人们在教育质量评价中,需要对评价的内容和关键性指标进行具体分析和诊断,分项给出评价结论,并提出改进的指导性建议,形成有针对性的教育质量综合评价报告。在综合评价报告中,既要指出学生或学校的优势和特点,又要反映出学生或学校存在的问题和不足,而不再是仅仅给出一个笼统的评价等级或分数。

在评价结果使用上,《关于推进中小学教育质量综合评价改革的意见》就有关评价结果的使用提出了"二要":①"要把教育质量综合评价结果作为完善教育政策措施、加强教育宏观管理的重要参考,作为评价考核学校教育工作的主要依据";②"要指导学校正确运用评价结果,改进教育教学,发挥以评促建的作用"。这就要求我们充分发挥评价结果的诊断、改进功能,利用综合评价报告中的数据和信息,为教育行政部门制定发展规划、科学决策提供依据,为学生改进学习、教师改进教学、学校有效管理提供专业支持。

(四)提供技术支持:评价改革的动力

推动基础教育评价,应该注重测评新技术的应用。基础教育评价改革,要求测评覆盖学生认知和非认知领域,这是信息技术飞速发展的今天面临的一个崭新课题。

一方面,信息技术可以实现评价方式的转变。传统的评价和测量是由评价者主动设置的——评价者出一套试卷,让学生在某一时间来考。现在,随着信息技术的发展,学生学习和教师教学的痕迹大量存在于信息环境中。这样,测量和评价就有可能改变过去主动设置的状态,利用这些信息把需要的评价内容提取出来,而采用计算机评分技术可以有效解决学生综合素质评价当中材料多、评价效率低以及标准无法统一的问题。

另一方面,信息技术可以实现考试命题方式的转变。计算机的复杂性和交互性可以帮助我们将难以纸笔测验的学生跨学科综合能力展现出来。2015 年,PISA(国际学生评估项目)实现了通过计算机测试的方式测试学生合作性。它设计了一个复杂的系统,学生要跟计算机系统一起互动地解决问题,观察者通过评价问题解决的过程来检验学生合作学习的能力。相似情境可以应用到考试当中。信息技术的飞速发展,为测试学生素养和能力状况提供了技术支持。

第七章　新时代基础教育质量综合评价体系构建

　　新时代基础教育质量综合评价体系的构建，需要在科学的价值取向基础上，建构评价指标体系，这样的评价体系才能有效发挥评价的效用，促进基础教育的可持续发展。本章分为基础教育质量综合评价的价值取向、基础教育质量综合评价的指标体系、基础教育质量综合评价的基本方法、基础教育质量综合评价的机制保障四节，主要包括由"鉴定分等"转向促进发展、实现评价的全面及多元化、学生成长评价依据、教师发展评价依据、成长记录袋评价法、表现性评价法等内容。

第一节　基础教育质量综合评价的价值取向

一、由"鉴定分等"转向促进发展

　　传统的学校评价主要以学校过去所做的工作和取得的成绩为依据，对学校办学水平做出等级评定，即为分等奖惩服务。今天的教育质量综合评价采用"以入口看出口，从起点看变化"的方式评价学校办学水平，重在关注学校发展的"增量"，关注学校在原有基础上的发展和未来的发展趋势，把终结性评价与形成性评价有机地结合起来，明确学校发展的潜在能力，依据实际提出切实可行的发展措施，让不同类型学校都在原有水平上得到整体提升，使综合评价成为学校自主发展的内在动力和源泉。

　　应试教育是我国长期存在的教育方式之一。20世纪八九十年代，改革开放形势下社会发展的特殊人才需求标准，决定了以社会发展诉求为主的中小学教育质量综合评价的确立与实施。20世纪80年代，在改革开放、大力建设现代社会主义国家的总形势下，社会需要具有一定素质的人才，这促使20世纪90年代中小学教育领域发生了由应试教育向素质教育转变的大变革。素质教育关注国民素质的发展，强调"面向全体学生，全面提高学生的思想道德、文化科学、劳动技能和身体心理素质，促进学生生动活泼地发展"。这不仅是教育主旨的变革，而且是教育评价的变革，即由学科考试评价向综合测评评价转变。素质教育的初衷是实现对学生素质的培养，但由于20世纪八九十年代特殊的国情、学情，素质教育的改革和评价很大程度上是以社会主义建设为基础来确立学生素质的，换句话说，学生素质更多地体现在社会生产所需要的职业技能层面。与此同时，国内进行基础教育质量研究的学者们，也大都立足于社会主义建设的根本立场来揭示教育质量的发展和评价依据。这段时期基础教育的质量标准根本上体现为社会的需求标准，而能否培养社会生产所需的劳动者也成为教育质量评价的关键取向。这在一定程度上影响了基础教育之后的教育建设。

今天的基础教育质量综合评价考虑到了学生的综合发展的学习目标。传统意义上的目标，可以说是大家对于教学活动的一种期望，是学生或学校通过努力能够达到的一种可以量化评估的目标。首先，这两个"目标"的含义有所不同。布卢姆等人明确指出，确立教育目标的目的不是表达愿望而是进行客观评价，而具体和明确的行为目标才是可衡量的。传统意义上的"目标"是一个可被定量统计的目标，是基于课程和教学计划的预定目标，至于过程中发生的事情，并不是预定的目标，即使过程中有一些具有价值的现象，但是因为无法被定量统计，也被排除在考虑范围之外，因此它太客观化和简单化了。综合评价目标，不是简单地要考多少分，而是基于对学生行为、认知、情感的综合全面发展。这种综合评价就会考虑到方方面面，所有有价值的过程和结果都是以多维视角进行观察和分析的。其次，评价手段有发展。传统意义上的评价方法较为单一，综合评价的方法、手段是多元的，也是灵活机动的。最后，评估的性质存在差异。传统意义上的评价是结果评估，而综合评价的目的是对被评估者进行激励，使其能够进行有效的改进。综合评价更重视被评估者的主观性、创造性。这意味着，综合评价将对过程进行更加细致的评估而不是通过结果进行间接的反映。

二、实现评价的全面及多元化

（一）由单一评价转向全面评价

传统评价将升学率和考试成绩作为评价学校教育质量的唯一标准，这种评价导向无形中导致学校片面追求升学率，或形成校际恶性竞争。

我们应树立发展性教育评价理念，让评价为促进教育发展服务。与我国传统的注重选拔功能的教育评价不同，发展性教育评价以促进学生的身心健康发展为目标。发展性教育评价以发展为目的维度,是一种依据目标、重视过程、及时反馈、促进发展的形成性评价。在与评价对象的关系上,发展性评价主张被评价者也参与到评价过程中来,实现评价者与被评价者双方共同合作。发展性教育评价以被评价者的身心发展为目标,重视对被评价者的学习过程进行及时的评价与反馈,有利于帮助被评价者及时发现问题,改进学习方法,实现更好的发展。

树立发展性教育评价理念,需要从以下几个方面着手:首先,处理好形成性评价和终结性评价之间的关系。一般情况下,国家层面组织的大规模基础教育学业水平测验属于终结性评价,目的在于对基础教育质量进行鉴定。而由学校内部自行组织的日常性、制度性的自我评价是形成性评价,注重评价的诊断、改进和发展功能。基础教育质量形成于培养的全过程,日常性、制度性的内部评价制度能够时刻监控教育发展状况,防患于未然。因此,在基础教育质量评价的过程中,我们不仅要重视外部终结性评价的作用,而且要兼顾内部形成性评价的作用,从而更好地为教育发展服务。其次,明确教育评价的目的在于教育本身,而不在其他。教育评价是整个教育体系的组成部分,其意义在于为教育事业的发展服务。教育是一个多元化的组织系统,不同类型和风格的学校在发展的过程中形成了自己的教育特色,一概而论的教育评价难以反映学生和学校的真实发展水平,具有局限性。教育评价的任务在于跟踪学校、教师、学生的发展状况,做出诊断性评价,并及时给予有效的支持策略,促进各方面的共同发展。从根本上来说,教育评价的核心并不在于比较和选拔,而在于促进每位学生的健康全面发展。

教育质量综合评价基于全面科学的教育质量观,力图将影响教育质量发展的主要因素纳入评价范围,评价内容涵盖学校管理、学生成长和教师发展等;同时实施过程中要对各项评价指标的结果及时反馈,引导学校落实科学发展观,促进学校可持续发展。

(二)由被动评价转向主动参与

在传统评价方式中,学校作为评价对象一直处于被动地位,缺乏话语权和解释权。教育质量综合评价采取多元主体参与策略,让学校领导、一线教师、广大学生和家长共同参与到评价过程中,将内部评价和外部评价结合起来,综合多方评价意见,促使学校主动发现问题,寻求科学发展策略,不断改进教育教学管理,并激发学校办学积极性,从而建立和完善符合学校自身发展需要的发展机制。

教育质量综合评价要在教育质量提升中发挥作用,需要一个安全、低利害的评价文化氛围。评价者和被评价者需建立良好的信任关系,最大限度地消除由于担心人际矛盾等出现的应付心理，保证评价结果真实有效。只有建立起良好的评价文化氛围，才能使教育质量综合评价真正成为提高教育质量的起点。

（三）由重视结论转向更重视过程

传统的评价，特别是某些客观性测试，如选择题、判断题，只要求学生给出答案，不需要学生写明解题过程。通过这种方式，难以对学生的推理过程、思维的本质、证据的应用等做出准确判断。这种做法容易造成评价结果的单一性。学生或由此更加注重结果，而忽略是怎样得到结果的，也就谈不上过程的评价。学生在对了答案之后，可能就不太关注是怎样算出来的或推理出来的，也无法体会到努力带来成功的愉悦感，有时还反而心存侥幸。这也使教师在教学过程中可能会容易迷失方向，弄不清学生为什么会出错，因为单从结果的评价难以找到答案。评价的诊断功能将会因此大打折扣。而综合评价涉及问题解决、数据处理、推理、判断等问题，依据整个过程得出结论，重视学生的自身学习和思维方式、对科学方法的体验、创造性和实践能力，以及情绪变化。

三、关注个体差异和团队合作

学生来自不同的家庭，家境不一样，性格不一样，这就导致了他们在对待同一件事情的时候，很可能做出不同的判断，采取不同的行动。他们的成长速度和成长轨迹会存在差异，发展目标也会呈现个性化特点。我们不能用简单的标准去评价学生，要充分考虑到学生的不同性格、不同基础、不同爱好，应根据学生的个体差异进行引导、评价，注意每个学生的情况和需求，多给学生以鼓励，给予多重评估机会，确定每个学生的不同特点和发展潜力，让学生根据自己的兴趣和专业知识关注问题。要让学生提升学科能力，就要充分尊重学生的个性发展，也要兼顾学生与所在团队的合作，使评价结果的个体差异为"因材施教"提供真实的信息来源。

对于个体差异，我们要做到求同存异，包容开放，帮助学生找到适合自己的学习方法。此外，建议将团队合作评估添加进来，一来可以提升学生的团队合作能力，二来可以发挥每一个人的优势。

四、以生态文明思想指导教育事业的科学发展

从整体上看，各地探索的教育质量综合评价改革的主张是相近的，提倡用全面的、系统的、发展的眼光看待质量与质量的提升。我们要科学地看待整体的质

量与组成整体的各部分的质量，关注系统内部的良好结构与均衡性，要发展地看待当前的质量与影响质量形成的相关因素，关注系统持续进步的机制与成长性。这些关注，体现了绿色的教育质量观和生态文明思想的精髓。

生态文明思想是以习近平同志为核心的党中央和国家领导人的政治智慧，不仅是生态环境保护工作的重要指南，而且是指导教育事业科学发展的理论武器。教育事业的发展须按照"协调""绿色"的发展理念，从教育生态的视角把握方略。就教育质量综合评价来说，评价要关注学生学业负担状态，关注学习过程的成本，关注影响学生成长的环境因素，坚决反对"学业成绩政绩化"倾向，强调树立正确的教育质量观，构建科学的区域教育发展评价。

第二节　基础教育质量综合评价的指标体系

一、学生成长评价依据

（一）品德行为

品德行为主要考查学生品德认知和行为表现等方面的情况，关键性指标包括行为习惯、公民素养、人格品质、理想信念。其中，行为习惯主要考查学生在文明礼貌、勤俭节约、热爱劳动、爱护环境等方面的认知和表现情况；公民素养主要考查学生在珍爱生命、遵纪守法、诚实守信、团结友善、乐于助人等方面的认知和表现情况；人格品质主要考查学生在自尊自信、自律自强、尊重他人、乐观向上等方面的表现情况；理想信念主要考查学生的爱国情感、民族认同、社会责任、集体意识、人生理想等方面的情况。

（二）学业水平

学业水平主要考查学生的学业成绩状况，关键性指标包括学业整体发展水平、学业均衡度、学业合格率、学业优秀率、不同学业水平段学生进步幅度。其中，学业整体发展水平主要考查学业水平整体发展状况，涉及全科总分、平均分以及进步幅度，各科总分、平均分以及进步幅度；学业均衡度主要考查学业水平均衡度状况，该指标以学业成绩的差异系数来衡量，涉及全科差异系数以及进步幅度、各科差异系数以及进步幅度；学业合格率主要考查学业水平达标状况；学业优秀率主要考查学业水平优秀状况；不同学业水平段学生进步幅度，以不同学业水平段学生的进步人数以及增值率来衡量，涉及全科进步人数以及增值率、各科进步人数以及增值率。

学业成绩即各个学校学生的考试平均分数。知识素养是衡量学生质量的一个重要方面，学业成绩在一定程度上体现了学生的知识素养。即使教育质量在不断提升，教育质量评价的内容越来越全面、广泛，我们也不可否认，学生的学业成绩始终是评价教育质量的关键内容。

（三）身心健康

身心健康主要考查学生身体素质和心理素质等方面的情况，关键性指标包括体质健康、健康生活方式、审美修养、人际沟通、情绪行为调控、意志品质。其中，体质健康主要从学生的身体机能、身体形态和身体素质等方面考查学生的体质健康状况；健康生活方式主要考查学生对健康知识与技能的了解和掌握情况、生活与卫生习惯、参加课外文娱体育活动等方面的情况；审美修养主要考查学生在审美情趣和艺术修养等方面的发展情况；人际沟通主要考查师生关系、同伴关系、亲子关系、团队合作等方面的情况；情绪行为调控主要考查学生对自己情绪的觉察与排解、对行为的自我约束情况，以及应对和克服学习、生活中遇到的困难的态度和表现情况；意志品质主要考查学生的自觉性、果断性、自制性以及坚韧性。

（四）兴趣特长

兴趣特长主要考查学生学习的主动性、积极性和兴趣爱好等方面的发展情况，关键性指标包括好奇心与求知欲、爱好与特长、潜能发展等。其中，好奇心与求知欲主要考查学生对某些知识、事物和现象的专注、思考和探求情况；爱好与特长主要考查学生课余生活的丰富性，在文学、科学、体育、艺术等领域表现出的喜好、付出的努力和呈现的结果；潜能发展主要考查学生某些方面表现出的突出素质和进一步发展的能力。

（五）学业负担

学业负担主要考查学生的客观负担和主观负担，关键性指标包括学习时间、课外活动、课业质量、课业难度、学习压力。其中，学习时间主要考查学生上课时间、作业时间、补课时间、睡眠时间等方面的情况；课外活动主要考查学生参与课外活动等方面的情况；课业质量主要考查学生对课堂教学、作业和考试（测验）有效程度的感受和看法；课业难度主要考查学生对课堂教学、作业和考试（测验）难易程度的感受和看法；学习压力主要考查学生在学习过程中出现的快乐、疲倦、焦虑、厌学等情况。

二、教师发展评价依据

（一）专业知识

在舒尔曼看来，教师专业知识结构包括七个方面：①学科内容知识；②一般教学法知识；③课程知识；④学科教学法知识；⑤有关学生及其特点的知识；⑥有关教育情境的知识；⑦其他课程知识或有关教育宗旨、目的、价值和它们的哲学与历史背景的知识。"良师必须是学者，学者未必是良师。"舒尔曼认为，教师专业知识结构的核心是学科教学知识。

申继亮和辛涛提出了如下教师专业知识结构观点：①本体性知识，即学科知识。教师的学科知识素养是教师胜任教学工作的基础性要求。教师必须精通所教学科的基础知识和基本技能，熟悉学科的基本结构和各部分知识之间的内在联系，了解与该学科相关的知识、学科的发展动向和最新的研究成果，以及学科领域的思维方式和方法论。教师应将学科知识内化为自己的思想、观点，这样才能深入浅出、游刃有余地教学，才能吸引学生，进而赢得学生的信赖和尊敬。②实践性知识，即教师在实现有目的的行为中所具有的课程情境知识和与之相关的知识。③条件性知识，即教育科学知识。教育学、心理学及各科教材教法是教师首先要掌握的最为基本的教育学科知识，此外，教师还要掌握教育管理方面的知识，以及相关的科学文化知识和马克思主义政治理论素养等。

（二）专业能力

专业能力主要考查教师的教育教学能力，关键性指标包括教育教学、教研科研。其中，教育教学主要考查教师的教学设计、活动设计等方面的情况；教研科研主要考查教师的教研参与情况以及教研科研能力等。下面对教师的专业能力进行详细阐述。

作为教师，除了应具有敏锐的观察力、准确的判断力、深刻的思辨力、丰富的想象力和良好的应变力等能力之外，还应具有以下能力。

①对学生的发展进行分析、预测和指导的能力（观察学生的能力）。对学生进行教育是教师的重要任务。为了更好地完成教育学生的任务，教师首先要善于利用各种方式方法及时了解学生的各种情况，了解学生的所思所想，掌握学生的

兴趣、爱好、智力特点和品质等。其次，教师要具备分析学生发展状况和预测学生发展趋势的能力。教师要善于分析影响学生发展的各种因素及其相互关系，预见学生学习、思想、个性等的发展变化。最后，教师要具备指导学生发展的能力。教师要善于根据学生的特点，制定符合学生实际的教育方案，为学生的学习、生活提供指导。

②驾驭教材和组织教学的能力（教学设计和实施能力）。教师应具有较强的驾驭教材、组织教学的能力，主要包括编制教学计划、进行教学设计的能力，运用教科书、教学参考资料和编写补充教材的能力，根据教材内容选择和运用教学方法、教学手段的能力等。

③精湛的语言表达能力。渊博的知识、深邃的思想有赖于语言传播，高尚的情操、正确的导向也需要通过语言来表达。因此，教师要具备精湛的语言表达能力。教师的语言表达能力包括口头表达能力、体态语表达能力和书面表达能力等。现代教育对教师的书面表达能力提出了更高的要求。现代教育要求教师在教育教学过程中研究问题、提升经验、形成思想，所有这些都需要较强的书面表达能力。

④运用现代教育技术手段的能力。现代科学技术的发展及其在教育上的广泛应用，对教师运用现代教育技术手段的能力提出了许多新的要求。教师不仅要会采用模型、标本、图表、画片等传统手段进行教学，而且要会使用幻灯片、录音、录像、电影、计算机和网络进行教学。教师要掌握现代教育技术的基本原理，能够使用现代化的仪器设备并具备制作教学软件的能力，如制作幻灯片、设计教学用软件程序等。

⑤较强的组织管理（协调）能力。现代教师面对的不再是个别学生，而是以班级为单位的学生集体，而且一些教师除教课外，还要兼任班主任工作，因此教师应具有较强的组织和管理能力。首先，教师应具有计划能力，即根据学校安排和班级的实际情况确定班级教育目标并制订实施计划的能力；其次，教师应具有组织实施能力，即按既定的计划，组织人力、物力、财力去实现既定目标的能力；再次，教师应具有协调能力，即调节和处理集体内部、集体与集体之间各种矛盾的能力；从次，教师应具有常规管理能力，即对班级进行日常管理的能力；最后，教师应具有思想工作能力，即对学生的思想情况、特点、动机等进行分析的能力，以及针对学生的思想特点和出现的问题进行启发、引导的能力。

⑥较高的教育机智（课堂调控能力）。教育机智是指教师在突发性事件面前，在很短的时间内灵活、巧妙地处理问题的能力。教育过程是一个复杂多变的动态

过程，常常会发生各种各样意想不到的偶发性事件，这需要教师能够运用教育智慧，迅速做出判断、决策，并予以妥善处理，化消极因素为积极因素，对学生进行生动活泼的教育。教师的教育机智来源于教师高度的自我控制能力和应变能力，来源于教师在学生中的威望，来源于教师处理问题时的自信心和分寸感。教师的教育机智水平，是衡量其是否成熟的重要标志。影响教师教育机智的因素有：对工作和对学生的态度，意志的自制性和果断性，深厚的知识素养和经验积累，教师的思维品质、性格、气质类型以及能力等。教师的教育机智集中体现在：善于因势利导、善于随机应变、善于对症下药、善于掌握教育时机和分寸。

⑦教育科研能力。教师的教育科研能力来源于对自身及他人教育实践的反思，在反思中发现问题，然后带着问题深入学习并进行研究，在研究中提升对教育的认识和教学技能。"问题即课题，教学即研究，提高即收获"是中小学教师最常用的研究模式。

（三）教学效能

教学效能主要考查教师教育教学业绩等方面的情况，关键性指标包括课堂教学满意度、教学成绩。其中，课堂教学满意度主要考查教师课堂教学是否得到学生认可等方面的情况；教学成绩主要考查学科教学成绩是否得到整体提升等方面的情况。

三、学校管理评价依据

（一）常规管理

常规管理主要考查学校教学常规管理水平，关键性指标包括学校发展规划、常规管理机构与制度、教学计划制订与执行、教研与培训、课堂教学、课程资源开发、作业布置与批改、课外辅导、实践活动开展、安全教育、教学评价、学校满意度等。其中，学校发展规划主要考查学校长远发展规划和年度工作计划等方面的制订与执行情况；常规管理机构与制度主要考查学校常规管理机构、规章制度和基础教育管理平台运用等方面的情况；教学计划制订与执行主要考查学校课程设置方案、教育教学工作计划与总结、教学日常检查等方面的情况；教研与培训主要考查学校教研活动、集体备课听课、课题研究、教师培训等方面的情况；课堂教学主要考查教师教学理念、教学设计、教学效果、教学风格等方面的情况；课程资源开发主要考查学校学科教学资源开发、校内外德育基地建设、校园网建设、教育信息技术的应用等方面的情况；作业布置与批改主要考查学校老师是否科学合理地布置作业，是否及时批改作业等方面的情况；课外辅导主要考查学校老师是否会进行课外辅导等方面的情况；实践活动开展主要考查学校是否有组织社会实践活动等方面的情况；安全教育主要考查学校是否开展了安全教育活动等方面的情况；教学评价主要考查学校考试评价管理、学生成长记录和综合素质评定等方面的情况；学校满意度主要考查学生、教师和家长对学校的满意度等方面的情况。

（二）办学特色

办学特色主要考查学校在长期办学过程中积淀形成的、本校特有的、优于其他学校的独特优质风貌，关键性指标包括特色明显、成果显著、获得社会公认等。其中，特色明显主要考查学校在办学理念、制度建设、人才培养模式、课程设置和校园文化等方面是否形成独特稳定的办学特色；成果显著主要考查学校在办学特色方面是否取得丰富成果；获得社会公认主要考查办学特色是否获得学生、家长和社会的广泛认可。

（三）办学行为

办学行为是警示性指标，主要考查学校是否依法治校、规范办学，督促学校认真执行教育部及地区关于规范办学行为等方面的法律、法规文件。凡是学校存在重大违规违纪行为，采用一票制否决，取消当年教育质量各项评奖资格。

第三节　基础教育质量综合评价的基本方法

一、成长记录袋评价法

（一）成长记录袋评价的定义及内涵

成长记录袋，是根据教学目标的不同，有目的地将学生单个或者多个学科领域的相关学习作品及其他有关生活材料收集起来，通过对所收集的内容进行合理的分析与解释，反映出学生在学习与发展过程中的状态，并通过学生的自我反思及恰当的评价方式，激励学生取得更高的成就，促进学生综合素质的提高。可以说，成长记录袋是一个有计划、有目的地搜集、记录学生成长经历的载体。具体

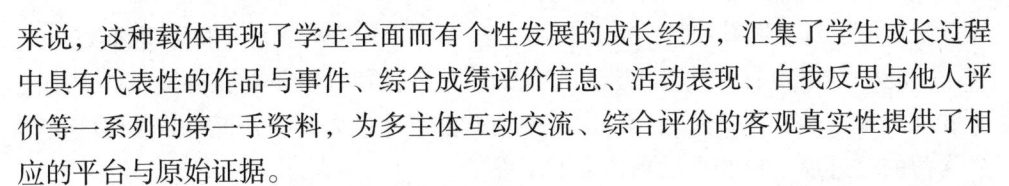

第七章　新时代基础教育质量综合评价体系构建

来说，这种载体再现了学生全面而有个性发展的成长经历，汇集了学生成长过程中具有代表性的作品与事件、综合成绩评价信息、活动表现、自我反思与他人评价等一系列的第一手资料，为多主体互动交流、综合评价的客观真实性提供了相应的平台与原始证据。

评价内容在评价过程中占据着重要地位，评价内容的广度和深度直接影响评价的成败。在学生评价过程中，书本知识只是学生发展的基础，学生的能力、情感、学习态度、价值观同样占据着不可忽视的重要地位。学生作为一个完整独立的个体，其发展应该是全面的、整体的。当今社会需要的是全方位发展的人才，仅仅会考试并不能满足当今社会对人才的需求。因此，在评价学生的过程中要关注学生的全面发展。成长记录袋评价的内容并不局限于学生的读、写、算等方面的认知能力，有关学生的非认知能力，如学习态度、创新能力、情感体验、价值观等，都是成长记录袋评价所要评价的重要内容。成长记录袋评价致力于对学生的综合素质进行全方位、多角度的考察。成长记录袋里收集的内容不仅仅是学生的考试试卷，还包括能反映学生其他方面能力的证明，如绘画、小制作、朗诵录音、文艺表演录像等。成长记录袋评价要求评价的内容多元化，以全方位地评价和了解学生，促进学生的全面发展。

成长记录袋评价之所以受到广泛的欢迎，是因为其具有传统评价方式所不具有的内涵属性。

1. 目的性与计划性

成长记录袋的内容的收集是有目的性和计划性的。成长记录袋收集的内容主要是根据各科课程标准和具体的教学目标计划，有组织、有目的地收集能够反映学生学习情况的内容，并不是杂乱无章地把一堆资料随意地放进成长记录袋内。一堆杂乱的资料摆在师生面前，会使师生不知道从何处下手来整理与分析这些材料，也就无法清晰地了解学生的学习状况。毫无目的性收集的内容多不具有促进学生发展的功能，即使被收集到成长记录袋中也通常没有太大作用。因此，要有目的地收集、选择相关内容，放入成长记录袋内，用以展现学生的成长状态。

2. 发展性

与传统的评价相比，成长记录袋评价在关注评价结果的同时，还关注评价的全过程。成长记录袋内收集的内容并不局限于学生在某个时间点的表现，而是要全面地记录下学生的整个成长过程，让学生通过翻阅成长记录袋从中能够看到自己的点滴变化。当学生看到自己的进步后，就能够体会到成功的乐趣，这可以激

149

发其进取心。当学生看到自己的不足后，学生可以根据评价的结果反馈到教学中，在下一轮的学习中有效地改正自己存在的不足，促使自身不断获得发展。学生是不断成长和进步的，不能因为一次的失利就否定这个人，成长记录袋关注的是学生学习的全过程，目的是激励学生不断进步。

3. 多元性

成长记录袋评价追求评价主体的多元化。评价主体并不只局限于教师，学生本人、同学和家长等也需要作为重要的评价主体参与其中。成长记录袋的评价内容既包括学生的认知能力，又包括学生的情感、学习态度和创新能力等非认知能力，能够对学生的综合素质进行全面的评价。成长记录袋里除了学生的测验成绩，还包括师生的评价和自我反思性的记录等，收集的内容十分多元化，既全面又丰富。

4. 反思性

成长记录袋评价不仅仅要对内容进行收集和整理，更重要的是要学会对收集的内容进行反思和分析，这样才能达到促进学生发展的目的。学生应该学会对成长记录袋里收集的内容进行反思，思考自己在学习中存在的问题和优势，逐步建立对自己的客观而全面的认识，思考自己在下一步的学习中应该如何改进。托勒和布罗德福指出："反思可以促使学生思考自己到底希望从学习中学到什么，能够全面、客观地看待自己存在的缺点，同时也能对自己所取得的成绩感到开心，能够有效地提高学习动机。"实际上，反思是成长记录袋评价在实施中的不可缺失的重要的一环。如果不对成长记录袋里的内容进行反思与分析，那么成长记录袋里的内容也就失去了被收集的意义。

（二）成长记录袋评价的优势

成长记录袋评价的主要是学生在学习过程中的表现，收集内容丰富而全面，能反映学生的真实发展水平；适用于评价复杂的学习结果，能获得纸笔形式测验和问卷调查不能评估的信息。

1. 价值取向从"一元化"向"多元化"转变

人的个性发展没有统一模式，没有千篇一律，没有千人一面，没有万人一格。传统的学生评价片面强调甄别与选拔学生的作用，通过标准化测验做出狭隘的智力评价，采用线性而非动态变化的评价过程，不符合人的发展规律，扭曲了人才培养模式，不利于学生的身心健康发展。健康的评价应当是多元化的。而成长记录袋是多元评价的一种方式。要想发挥成长记录袋的各种潜在优势，最大限度地发挥其效用，必须让学生参与其中。作为一种新的评价方式，成长记录袋摆脱了学生评价内容的单一化，内容延伸到课外，从思想品德、学业水平、身心健康、艺术修养、社会实践等方面对学生进行全面评价，教师、家长、同学和自我等多主体参与。成长记录袋评价要求重视学生的兴趣、爱好和特长，关注学生的自我评价与反思，用科学多样的评价标准为每个学生提供多种发展的可能性。在教学实践过程中，成长记录袋评价能够实现学生评价由一元化向多元化的转变，因为内容搜集的多样性要求多元评价，学生的个性差异要求个性化评价；教学活动的灵活性提供了展示学生问题解决能力与创造能力的多种情境；评价的客观、公正性体现在学生所处环境的差异和个体差异，评价的真实性塑造了一个弹性化、多种评价要素互动的评价过程。

2. 评价方法从"量化"向"质性"转变

质性评定是一种开放性的评价方式。成长记录袋在实践中实现了从量化到质性的转变，建立了多主体参与、综合运用评语等形式，以多维度、多形式的样态呈现了学生综合表现的情况。成长记录袋的评定内容及标准以师生协商为基础，建立了一个轻松、开放、合作、探究的学习环境，充分发挥了学生的自评与互评，充分体现了学生的自律意识。成长记录内容除以文字描述外，还增加了等级、星级、互动留言等记录方式，同时辅以红花、红旗、笑脸等象征性的图形进行记录。这些丰富的评价结果淡化了以往考试分数之间的微小差异，减轻了学生的心理负担，给学生创造了宽松、愉快的学习环境。同时，教师、同学和家长对学生的留言，有利于学生本人建立积极的学习和生活状态。可以说，成长记录袋以质性评价为主，不仅注重知识的获得，而且注重学生在具体情境中运用知识的能力，侧重学生德、智、体、美、劳等方面的全面发展。教师可在日常教学过程中，留心每一位学生的言谈举止，根据学生具体情况，将日常记录作为评价依据，与其他不同评价方式综合应用。

3. 评价过程从"重结果"转向"过程与结果"并重

有效的学生评价是一种过程与结果并重的评价手段，而不是看结果不看过程的应试评价方法。过程性评价是为结果性评价做准备，结果性评价侧重于最后结果的呈现，而过程性评价更注重于整个学习过程中的线性变化。所以，教师利用成长记录袋中学生的所有信息，不仅可以了解学生的现有水平，而且可以准确掌握其发展的特点和倾向，将以往只看结果的状况转变为关注和了解学生成长全过程，了解形成不同结果的具体缘由，体现结果难以衡量的情感、态度、价值观。以学生参加"演讲"为例，将学生的演讲内容或演讲前的准备情况的相关信息，以笔录或者视频的形式收集起来。通过这些丰富的信息，教师和家长可以了解学生的优势与不足，从而给予学生恰当的学习目标和正确的指导策略。然后，在同一内容经过教师指导和学生自我练习后，教师应让学生进行第二次演讲，这样学生不仅会看到自己的进步，增加自信心，而且可以激发自我效能感，确定最佳的近期目标，以为远期目标打基础。总之，成长记录袋作为一种质性评价方式，将评价过程由注重结果变为结果与过程并重，主要用于描述学生学习与发展的过程，是较受欢迎的评价手段。

4. 评价主体注重学生"主体性"发挥

人的主体性包含的基本成分有自主性、主动性和创造性三个方面。而人类要想达到卓越的成绩，发挥最强的一面，首先需要人本身主体性的发挥，因为人一旦失去了主体性，也就失去了创作的灵魂。所以，在教育过程中注重培养学生主体性的发挥至关重要。成长记录袋能够满足学生个性成长发展需求，有效发挥了学生在学习过程中的主体性。

首先，学生利用成长记录袋可以对自己的表现进行自我评价，可以见微知著，由此来发现自己的优势与不足。这种自我评价与反思可以培养学生学习的自主性，让学生学会自我学习，为其终身学习奠定坚实的基础。

其次，成长记录袋的全部学习和生活资料是由学生自己主动参与收集、整理的，在此基础上对学生的主动学习能力进行了培养，同时在成长记录袋的使用过程中需要学生用到思考、收集、整理、定位、分析等多方面能力，从而使学生的动手能力及综合应用能力得到了训练和提高，使学生从接受者变为小主人，体现了学生担当主人翁身份的责任和义务，激发了学生主动性的发挥。

最后，学生由以往被动等待教师"宣判"评价的结果变为积极主动参与评价过程，从而在自我评价中体验成功或反思不足，获取充分的成长体验。学生成长记录袋的建立、搜集、评价、展示交流的过程，不仅培养了学生独立做一件事情的能力，而且培养了学生自学、自理的日常生活习惯，实现了学生追求自我意识、自我反思的新途径，提高了学生在学习和生活过程中敢于创新、积极探索的创造精神。

（三）成长记录袋评价的功能

评价具有甄别、选拔、诊断、激励、反思、调节等功能。传统的评价方式注重用考试来筛选学生，过于关注评价的甄别和选拔功能，忽略了评价最为重要的促进功能。有研究者将学生评价功能分为本体性功能和附加性功能，认为甄别和选拔功能只是学生评价的附加性功能，而传统的评价方式却错把学生的附加性功能当成了本体性功能，使得促进学生发展的本体性功能被忽视，学生评价的功能被本末倒置。换句话说，传统评价方式过于推崇评价的甄别和选拔功能，消解了评价的激励、调节和发展等功能。而评价的功能不应局限于甄别和选拔人才，更重要的是要达到促进学生发展的目的，激励学生前进。与传统评价方式不同的是，成长记录袋评价体现出了多种功能，如诊断、反思、激励和调节的功能。

1. 诊断功能

成长记录袋评价可以让师生找到学生学习中存在的问题和原因所在，进而根据诊断的结果提出改进和补救的建议。成长记录袋评价收集学生成长的信息，教师、家长、同学和学生本人根据收集的材料分析学生自身存在的优势和问题。成长记录袋里的信息就如同病人的档案一样，是反映学生学习状况的资料。师生可以根据成长记录袋里诊断出的"症状"，研究制定出一套个性化的"治疗方案"，达到对学生学习状况"对症下药"的效果。成长记录袋评价通过对学生的全面审视，诊断学生目前所处的学习状况，从而制定出真正适合学生发展的目标和方案。

2. 反思功能

学生在使用成长记录袋评价的过程中，会不断地对自我进行剖析与反思，找出自我存在的问题与不足，从而反思自己在下一步的学习中应该如何改进。收集到成长记录袋内的内容并不是随意的，放入的内容都要说明为什么要选择该内容放入其中。这个过程需要学生不断地进行自我反思，反思的过程也是学生不断了解自己的过程，而学生只有在了解自己的学习状况后，才能对自己下一阶段的学习做出改进。成长记录袋评价非常注重学生的反思功能，可以说，没有反思的成长记录袋评价也就丧失了灵魂。

3. 激励功能

学生通过成长记录袋评价能够全面地了解自己的优势与不足。当学生知道自己的优势后，能够树立自信心，激励自我在下一步的学习中更上一层楼；当学生意识到自我的不足后，能够有针对性地进行改进，激励自己，不断地取得进步。也就是说，学生可以从正反两个方面受到激励：因自己存在的优势，激励自己变得更加优秀；因自己存在的问题，激励自己不断地做出改进。通过成长记录袋，学生能够清晰地看到自己的成长轨迹，感受到进步的乐趣，从而能够不断激发自我发展的内在动力。

4. 调节功能

调节功能常与激励功能联系在一起。根据成长记录袋内收集的内容，学生能够全面地了解自我存在的优缺点。学生通过对收集内容的反思和分析，以及教师、家长和同学的反馈，调节自己在下一阶段的学习节奏，促进自身的进一步发展。成长记录袋评价并不只是展示给学生一个客观量化的结果，而是提供给学生具体的反馈与建议，学生可以根据反馈的结果有针对性地做出改进，迅速地调整自己的学习状态。成长记录袋评价以恰当的、具有建设性的方式将评价结果反馈给学生，学生能够全面而又快速地了解自己的学习状况，然后有针对性地调节自己的学习计划，针对自己的弱势进行弥补，从而能够快速、高效地提高学习效果。同时，教师也能够根据学生的学习状况调节自己的教学进度，帮助学生取得更好的发展。

（四）成长记录袋的局限

成长记录袋的局限性较明显，包括：对收集内容的评价需要花费大量的人力和时间，不适合进行大规模实施；评价结果容易受到评分者的影响，主观性较强；制定客观、准确、操作性强的评价标准难度较高。

当前成长记录袋在各中小学得到了一定的应用。成长记录袋的应用研究虽然较为丰富，但当前的研究主要集中在中小学运用成长记录袋的实际做法与经验总结上，在评价、反馈学生，指导帮助学生不断提升改进自我，培养学生反思能力、自主管理与自我教育的研究上比较薄弱。可以说，当前成长记录袋的整个运用过程更多的是对资料收集、整理的一个过程，并没有充分发挥通过这些资料去发现学生存在哪些潜在能力、存在哪些优势与不足的作用，只是起到了内容收集、整理的展示和美化功能，没有给学生提供有针对性的发展与改进建议，缺失了成长记录袋评价学生的发展性功能。即使成长记录袋发挥了评价作用，但由于相关评价人员缺乏一定的基本理论和实践指导，成长记录袋成为展示学生各种作品和考试成绩的资料袋，侧重于学生在学科知识领域的掌握和学业成绩评价，忽视了学生在学习过程中遇到典型事件的情感流露与态度变化的发展过程，更多体现的是单一评价。所以，如何更好地应用成长记录袋评价、反馈学生的综合素质发展情况，如何更好地丰富和完善成长记录袋的相关研究成果是当前成长记录袋应用研究的重点。

成长记录袋在教育质量综合评价中是一种极为重要的学生成长过程性数据收集手段，可以反映学生在学习与发展过程中的优势和不足。成长记录袋中的内容既是对其他方法的补充，又是对其他方法的有效验证。

二、表现性评价法

（一）表现性评价的定义

表现性评价兴起于20世纪八九十年代的美国，但它的起源可以追溯到20世纪三四十年代，即教育评价发展史的"泰勒时期"，虽然表现性评价经过多年的发展，但不同学者对它的定义有所不同。

美国国会技术评估办公室于1992年对"表现性评价"给出的定义是：表现性评价是一种测验，它通过要求学生创造出答案或产品，展示学生的知识或技能。华东师范大学的周文叶教授认为：表现性评价是在尽可能真实的情境中，借助规范的评分标准，诊断学生完成复杂任务的过程表现。中国教育部基础教育司对"表现性评价"给出的定义是：学生在真实生活情境中，通过已有的知识与技能，解决问题或创造某种东西，以考查学生知识掌握情况以及问题解决能力的发展状况。台湾学者李坤崇定义"表现性评价"为：具有一定评价能力和经验的教师，制定可将学习结果应用于某些情境的测验，让学生表现所知、所能的学习结果。

国内外对表现性评价还没有权威的定义。表现性评价在国际上较为认可的定义是斯廷金斯提出的，他认为，表现性评价是通过真实的或模拟的评价任务，引发被评价者运用已有知识解决新问题，在此过程中具有一定评价素养的教师通过一定的评价标准对被评价者进行观察和诊断，其主要形式有演说、实验、作品展示和书面报告等。

（二）表现性评价的结构

表现目标、表现任务和评分规则作为表现性评价的三要素已成为共识。表现性评价能否评出学生真实的学习结果，关键在于建立任务、表现、规则之间的"一致性"。

三要素之间协同发挥评价的效能使表现性评价具有一定的结构特征。因此，实施表现性评价也离不开最基本的三个要素：目标（标准）、表现任务和评分规则（量规）。表现性评价应用于教学过程也同样离不开三个基本要素以及要素之间的基本结构。因此，包括评价目标、表现任务和评分规则这三大要素的结构，可以说是一种具有通用性质的"表现性评价基础模型",即所有类型的表现性评价都包括这三个要素,在设计和实施表现性评价时也要包括这三个要素。

由于结构是要素之间的关系,那么,表现性评价的结构也是其要素之间的关系。斯坦福大学学习、评价与公平中心对此做了清晰的论述。在其论述中认为,高质量的表现性评价应该具有教、学、评的一致性,因此,表现性评价的三个要素应用于教学的过程中,必然需要强调三要素的一致性关系,即目标—任务、目标—量规、任务—量规的一致性;这一结构在运作的时候,通过目标、任务和量规及其之间的一致性,进入教学系统和学习系统中,从而实现教、学、评的相互融合。据此,表现性评价应用于教学的结构是指包含目标、任务、量规,并实现了三者之间一致性关系的基本结构。

具体来说,目标是模型的上位要素,整个结构以目标为起点得以建立。基于目标确定评价量规/评分规则,基于目标确定表现任务,因此,目标与另两个要素均具有一致性。评价量规/评分规则和表现任务是整个结构中具有同等重要性的要素——可以基于任务来确定评分规则,也可以根据评分规则的内容和特点来选择表现任务,此两者之间也具有一致性关系。

(三)表现性评价的功能

1. 评价功能——表现性评价可以弥补传统纸笔测试的不足

表现性评价从传统纸笔测试的局限发展而来。作为一种新型评价方式,表现性评价在评价内容方面不仅能够评价复杂学习结果,而且能够评价学习过程或认知过程,从而弥补了传统纸笔测试的不足。

进一步来说,表现性评价在评价内容上,不仅能够评价复杂的学习结果,以及包括认知过程和非认知过程在内的复杂学习过程,而且能够对学习结果进行精准的评量。

表现性评价作为能够弥补传统纸笔测试不足的重要评价方式,有助于平衡学校评价体系,促进学校评价文化的丰富与发展。当前的学校评价处于困境之中,与生活脱离,以甄别为主的传统纸笔测试依然是学校评价的主要方式。这种考试文化至上的评价环境制约着学生发展、教学改革,也造成了评价的失衡,具体表现为内外部评价的不平衡、学习结果评价与学习过程评价的不平衡、评价元素单一与多样化追求的不平衡、考试文化至上与评价文化势弱的不平衡。把考试成绩作为判断学业乃至学生的依据,造成了学生创新能力、实践能力、问题意识、合作精神等社会所需要的重要素质在学校内部被边缘化,而处于学校教育中心的是

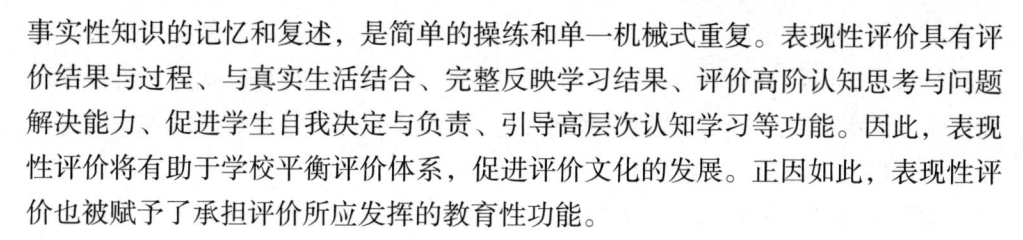

第七章　新时代基础教育质量综合评价体系构建

事实性知识的记忆和复述，是简单的操练和单一机械式重复。表现性评价具有评价结果与过程、与真实生活结合、完整反映学习结果、评价高阶认知思考与问题解决能力、促进学生自我决定与负责、引导高层次认知学习等功能。因此，表现性评价将有助于学校平衡评价体系，促进评价文化的发展。正因如此，表现性评价也被赋予了承担评价所应发挥的教育性功能。

2. 教育功能——表现性评价的评价过程和结果均指向"育人"

从评价和教育的关系来看，评价是为教育服务的。而教育评价中最有价值的，就应该是教育所追求的。基础教育的使命就在于为学生的幸福人生奠基。因此，教育评价的最终目的是实现教育质量的提高，促进学生身心全面发展。评价被认为是评价者和被评价者之间开展的一种交往活动，其主要功能在于促进反思、理解和创造，而不是评判。评价不仅仅有判断价值的作用，还有发现价值和提升价值的作用。

对某一事物功能的探索，其实质就是对其价值的深度思考。价值观本身就是评价最为重要的哲学基础。评价的价值就在于确定什么才是最值得评价的。陈玉琨曾指出，评价的价值体现在关系上，在于主体满足客体的程度。个体对教育和评价的需要，形成了教育的个体价值；国家和地方对教育和评价的需要，形成了教育和评价的社会价值。教育评价在多大程度上满足了育人的需要，就在多大程度上彰显出其价值。因此，表现性评价所具有的育人价值就是其最为重要的功能。

表现性评价具有重要的育人功能，是我国发展素质教育、落实立德树人、发展学生核心素养的重要评价方式。需要指出的是，没有教育意义的评价是反教育的。正是因为表现性评价能够发挥育人的作用，与教学、学习的价值追求具有一致性，因而才能在一定程度上发挥扭转"应试"教学的价值偏差的功能，发挥"引领"教学的作用，成为教学改革的依据。

3. 教学功能——表现性评价结果可作为教学改革的依据

教育评价是为种种层面的教育活动提供决策信息，例如，课堂层面的教学决策也属于教育评价。教育评价就是用专业的方法把握学生的学习与成长状态，在下一步的学习活动中发挥作用。教育评价可以作为在教育活动中究竟展开了什么样的教学的重要证据，也因此成为教学改革的依据。

在当今注重教育质量的时代，学生是否学会是最重要的教育质量标准。教育评价可以成为判断学生是否学会的重要方式。这样一来，评与学可以融为一体。

教师可以借助评价了解学生的学习情况，以学定教地做出下一步的教学决策。在这种情形下，围绕评价任务，学习活动展开为"明确评价任务—执行评价任务—交流学习情况"链，教学活动则是与之相对应的"布置评价任务—获取评价信息—处理评价信息"链。

评价的教学功能体现在：评价本身可以作为教学的过程；评价的结果可用来改进教学，是改进教和促进学的依据。

（四）表现性评价的优点

表现形式评价的优点表现为以下三个方面：①表现性评价根据学生在真实情境或模拟情境下的表现状况而收集学生相关信息，真实性较高；②表现性评价可以科学评估学生在真实情境下的表现状况，相较于其他方法，具有更高的生态效度；③表现性评价方式多样，适用范围广。

（五）表现性评价的实施

1. 明确评价目标

评价目标又叫作评价目的，它的确定通常由课程目标与教学内容来决定。评价目标很大程度上取决于课程目标。评价目标是人们在表现性评价过程中期待评价对象达成的目标，是表现性评价的重要依据。教师实施表现性评价的目的可能多种多样，比如评价学生的实验操作过程或实验结果、诊断学生学习过程与结果、评价学生科学小制作的表现行为或作品、建构学生学习档案等。正是基于评价目的的不同，人们的观察和评定标准也随之而异，如教师为了评价实验操作过程的是否完整，可用检查表来核验每个步骤的情况，若评价目的是实验结果的评分，则可用评价量表多维度地进行评定。

2. 设定表现性任务

表现性任务根据完成任务方式的不同，通常分为动手制作型任务、书面型任务、口头表达型任务。表现性任务是指在学生测验情境中，教师根据评价目的的不同，为学生选择适合的表现性任务，通过收集、分析学生在完成任务过程中的表现，从而进行表现性评价。一个完整的表现性任务通常需要明确的任务要求和解释充分的指导用语。表现性任务的设定要紧扣评价目标，教师通过对学生任务完成和课堂表现的观察、记录和分析，评判学生评价目标的达成水平。

3. 确定评价工具

评价工具可分为评定量表、核验表、作品集、问卷、口语表达、成果展示、论文和档案袋评价。依据评价主体的不同，评价方式可分为学生自评、同伴互评、教师评价、家长评价。评分标准是表现性评价的尺度与标准，因此评价设计者要做到了解教学目标，这样才能明确评价的具体内容，从而确定具体、清晰的评价标准。一般来说，评分规则分为评价要素和等级描述两部分。

表现性评价是基于教师观察学生的主观评价，为了使评价变得相对客观和公正统一，它应该具有：①各行为表现的操作性定义或评价的不同维度；②计分量表（用来衡量表现行为）；③表现标准，阐述优秀、良好、普通等不同水平的表现行为。

在表现性评价评分过程中，根据评价目的、评价对象的类型或评价的用途，我们可以选择有针对性的评分标准。评分标准的工具通常分为整体评分标准和分项评分标准两种。

4. 实施表现性评价

表现性评价在确定评价目标、确定表现性任务、制定评分标准等前期准备工作完成后，才能得以顺利实施。在有条件的情况下，相关人员要做好预测和评估，及时调整和改进表现性评价；同时在评价过程中做好记录、总结，可全程录像，保存学生的课堂真实表现，为后期反思总结提供思路和素材。

5. 反思、总结评价

反思、总结评价是表现性评价的点睛之笔。对于学生的评价并不是教育的目的所在，评价是为了使教师掌握学生学习情况，使学生能够明确学习目标、找准差距所在、努力提升自我。反思、总结评价意在促进教师自我反思，提升教师自身专业素养，真正做到教学相长。

（六）表现性评价的局限

由于表现性评价已经在很多大规模的学生学业能力测试和课堂教学过程中得到广泛应用，且基于评价结果做出的决策将会对学生的未来产生巨大影响，因此，我们需要明确表现性评价的局限，以减少其带来的负面影响，尤其是大规模高利害评价。诸多研究者对表现性评价的局限进行了讨论。

奥斯特霍夫总结了表现性评价的缺点，包括需要消耗大量的时间、在学生表现之后常常不能对学生的回答进行评分、评分容易受到评分者的错误影响、同一领域里的不同技能表之间可能具有矛盾性等。李坤崇在论述表现性评价优点的同时也论述了其限制，这些限制包括：设计复杂、施测计分时间较长、施测花费昂贵难以大规模实施、题目数量不多而内容代表性较差、计分较为复杂主观、信度和效度也存在一定问题、很难进行团体之间的比较等。周文叶作为国内较早的系统研究表现性评价的学者，也指出了表现性评价存在的若干局限，包括：成本问题，因为表现性评价在实施过程中会受到时间和经费等因素的限制，影响其实用性；主观性问题，因受到评分工具、评分者和评分程序三个方面因素的影响，表现性评价存在一系列主观性问题；公平问题，因为把客观反映的标准改成表现性评价，不可能完全避免不同文化带来的偏见或公平问题。此外，周文叶还提出了我国在大规模评价中实施表现性评价面临的挑战，即需要建立表现性评价任务资源库的问题。

综合来说，表现性评价主要具有以下三个方面的局限性，需要在表现性评价研究和实施过程中给予足够的重视。

①在教师个人方面。虽然有研究者认为表现性评价有利于实现公平的教与学，但是教师在给学生反应评分时还是经常会出现某些偏见。这不仅需要教师对表现性评价相关知识进行全盘了解和掌握，而且需要教师了解学生的文化背景，才能在教师个人层面做好表现性评价。

②在评价工具方面。评价工具的质量会直接影响表现性评价结果的效度。因为在很多表现性评价实践过程中，评价工具所呈现的评分标准缺乏精确的描述，使评分者对评分标准的解释比较模糊，也容易出现歧义，这就会导致表现性评价评分结果的不可靠。

③在评价程序方面。在表现性评价过程中，教师往往需要对学生的诸多方面进行评价，在此情况下，教师的评分往往可能不是很科学，因为教师可能会受到评价内容顺序的影响，从而在区分评价标准上存在一定的"反应迟钝"问题。此外，在评价过程中，评价者还会受到自身观念的影响，例如，偏见或导致教师缺乏正确的觉知，而误将一些文化价值判断加诸学生。因此，要达到表现性评价的目的，教师设计活动之前除要了解学生文化背景外，还要了解学生对活动熟悉和理解的程度。

在教育质量综合评价中，表现性评价适用于测量科学、体育、艺术、社会实践等课程的内容，以及审美素养、人际沟通、潜能发展等指标内容，这些课程内容情境真实性较强，需要学生能够在真实情境中表现出真实水平。目前，表现性评价已经在欧美一些国家的教育监测或评估中得到广泛应用。我国义务教育质量监测中的体育、艺术、科学监测则较多采用表现性评价方式。另外，国际大型评估项目也倾向于运用表现性评价评估学生的真实能力发展状况。

三、访谈评价法

访谈评价法是指访谈者以某种调查目的与受访者进行口头交谈，了解和收集受访者心理特征和行为的数据资料的一种研究方法。随着信息技术的发展，访谈评价法不再仅限于面对面访谈，而是拓展为电话访谈、视频访谈等多种形式。访谈评价法最大的特点在于，整个访谈过程中访谈者和受访者之间是相互影响、相互作用的关系，因此访谈者在访谈过程中要主动掌握访谈节奏，把握好访谈进程。相较于观察法、问卷法，访谈评价法在实施过程中更复杂且更难以掌握。通常访谈者在访谈前需要充分熟悉访谈内容，尽可能了解访谈对象的背景情况，根据访谈对象的特征灵活运用不同的访谈方式，可以是现场少记、事后多记，或是边交谈、边观察、边记录，及时捕捉受访者的关键性信息和心理或行为变化过程。另外，访谈过程中要避免出现访谈者偏差。

访谈根据访谈进程及内容性质可分为结构性访谈和非结构性访谈。前者是指访谈进程和内容已经事先规划好的访谈，访谈者只要严格按照已选定的问题进行访谈；后者是指访谈者根据受访者表达的信息以及访谈进程进行自由访谈。另外，访谈根据场合性质可分为正式访谈和非正式访谈，根据受访者数量可分为一对一访谈和团体访谈等。

访谈评价法的优点在于可以有针对性地收集研究数据，运用范围广，适用于一切具有口头表达能力的不同文化程度的访谈对象，可以对受访者的行为、态度、动机等深层次内容进行深入了解。同时，访谈评价法的局限在于：访谈者的访谈技巧和素质对访谈结果影响较大；费时费力，工作成本较高；访谈资料不容易量化；访谈效果容易受到访谈时间、环境等因素影响。

访谈评价法在教育质量综合评价中主要用来收集学生、教师、家长对教育的认知、态度等方面的信息，同时可以对综合评价出现的特殊结果进行事后调研，收集相关信息。

四、测验评价法

测验评价法是指运用经过事先设计、标准化的题目，根据评价对象对题目做出的反应，推论其拥有这个测验所想测量的行为并给出数量化解释的一种评价方法。从其定义可知，测验评价法具有间接性、客观性以及标准化等特点。其中，间接性是测验评价法的一个显著特点，评价对象的内在心理过程或心理特质是通过评估其在测验试题上的表现推导出来的。测验评价法的客观性表现为测验的内容、对象都是客观的，测验结果也是为了解释、预测某种客观现象。另外，测验的编制、施测、评分、结果解释等过程都需要严格遵循标准化流程，这反映了测验评价法的标准化特点。

测验评价法的主要优点有：①标准化程度高，能够保证测验具有较高的信效度，可确保所收集数据的真实性和有效性；②可以在短时间内进行大规模施测；③能使用复杂的统计方法对测评数据进行深入挖掘，量化程度高；④测验结果之间具有可比较性，也可以同常模进行对比，明确个体的相对位置。测验评价法的局限性表现为：①对测验工具开发质量要求高，对开发人员的专业要求也较高；②施测严格，对测验施测者要求较高；③测验开发成本高，开发周期长，比较耗时耗财力。

测验评价法是在教育质量监测和评价中使用频率最高、最为广泛的一种评价方法。测验评价法主要用于评估学生的学业表现水平、学习素养、认知能力等方面内容。

五、问卷评价法

问卷是指在一定理论、经验或目的的指导下设置一系列问题而构成的调查表或纸笔测验。问卷法是使用编制好的问卷收集相关信息的一种研究方法，是心理学、教育学、社会学等学科常用的研究方法。标准化程度高是问卷法的最大特点，问卷的设计、问题的选择、问卷的实施、问卷结果的分析都需要严格按照一定的原则和要求进行；问卷法的另一个重要特点是它能在较短时间内收集到大量的资料，较节约人力、物力等经济成本。

问卷法的主要优点有：问卷内容客观统一、处理分析方便；节省人力、时间和经费；匿名性强，填答真实性较高；易于获取大量样本；研究间接化，相互作用效应小。但问卷法的使用也存在局限性，如测评内容深入性不够，更适用于了解一些比较简单、表面的问题，较难对一些复杂的问题和过程进行调查。

在基础教育质量综合评价中，问卷法主要用于收集影响学生学业发展的相关因素信息以及评估学生日常行为、学习态度、身心健康等非学业教育质量内容。例如，PISA从教育系统、教育机构、教育环境、受教育者四个层面，每个层面从前提和约束条件、环境和过程、结果和产出三个维度，设计学生问卷、校长问卷收集影响学生学业质量的相关因素；PIRLS（国际阅读素养进步研究）主要从国家与社区背景（包括经济发展水平、人力资源、地理特征、教育制度组织、初级阶段的阅读课程等）、家庭背景（包括家庭学习资源、父母教育期望、早期阅读活动等）、学校背景（包括学校位置、学生社会经济背景、教师工作条件和职业满意度、校长领导力等）、课堂背景（包括教师准备和经验、课堂资源、教学参与以及课堂评价等）、学生特征和阅读态度（包括学生学习准备、学习动机、学习自我认知等）五个方面全面测查影响学生阅读素养的因素。

六、实地考察评价法

实地考察评价法，是根据评价目的、对照考察指标或要点到教育现场，用自己的感官和辅助工具直接获取数据资料的一种评价方法。它是有目的、有意识的信息收集方法，考察者在进行观察过程中需要围绕评价目的有选择性地获取信息，而非盲目地、被动地收集信息。

实地考察评价法的主要优点有：能够得到不能用纸笔形式直接测量或者直接测量可能失真的资料，如课堂互动过程、年龄较小孩子的行为表现；能收集被评价者在自然状态下的行为和反应，能收集到其他方法收集不到的真实资料，不仅能全盘收集当时观察现场的信息，而且能收集到特殊的情境或细节。但实地考察评价法也具有其自身的缺点，包括：对观察获取的资料、信息的分析和解读，都会受到观察者和分析者本人的专业水平、心理因素、个人倾向等的影响，其可靠性会受到影响；需要花费较多的时间、人力、物力进行观察人员的培训、观察实施、观察结果编码等工作，不适合进行大规模数据收集，而且实地考察评价法获取的资料一般是进行定性分析，不适合使用定量的统计方法进行数据挖掘。

实地考察评价法在教育质量综合评价中主要用于学科工具及背景因素问卷开发前对学生、教师等群体进行的调研，同时也是综合评价结果出来后对异常数据或结果的事后检验。

第四节 基础教育质量综合评价的机制保障

一、建立教育质量综合评价组织机构

要做好基础教育质量综合评价的机制保障工作，需要厘清国家、市县和学校各级机构的职责。国家层面负责顶层设计，整体工作推进，培训与指导，经验交流、总结与提炼。市县级层面抓统筹、显特色，明确相关部门的具体职责与工作

任务，有针对性地采取措施帮助学校、教师改进学校管理和教育教学。学校层面谈校本，重视"过程性质量"，重视结果的应用与改进。

在实际工作中，可以通过建立教育质量综合评价组织机构来开展工作。首先，可以成立由分管教育的领导担任组长的质量综合评价改革工作领导小组，以政府和教育行政部门的支持和保障为基础，引导综合评价改革工作有序开展。其次，可以组建教育质量监测与评估中心，招聘教育测量与评价专业人员，成立市、县（区、市）教育行政人员和校长及一线骨干教师共同参与的项目科研组，协同教育科研院所和高校，整合教育学、心理学、学科教育、教育测量学等多方面专业资源，开展综合评价指标的研制、工具的研发等系列专业具体工作，并建立以任务为中心、形式多样、根据需要灵活选择与退出的国际国内合作机制，形成多方协同配合的教育质量综合评价推进架构。

二、完善教育质量综合评价管理机制

要想使评价结果切实对教育教学改革起到指导作用，学校要充分发挥开展评价实践活动的自主性精神，将"自上而下"的行政推动与"自下而上"的自觉行动两种力量相结合，从而形成强有力的行政制度保障与协调机制，让每一位参与评价的学生、教师、教育管理者乃至家长都获得与自身相关的评价反馈信息，从而结合自身实际进行针对性的研究或改进。此外，我们也需要在强化学校管理者、教师以及学生和家长的质量责任的同时，探索通过多元价值的融合，让区域力量参与到教育质量管理活动中来，充分发挥市、区教研机构、科研机构等对学校的服务、指导、推动和激励作用，使区域社会各界都成为教育管理的主体，同时分担质量保障的责任，努力实现质量保障的全面性、全程性和全员性。

相关机构需进一步明确教育质量综合评价改革的目标任务、推进策略和工作机制：对基础教育质量综合评价指标细化、评价方法使用、评价工具研发、评价报告撰写、评价结果运用、管理云平台搭建以及整个评价流程涉及的各方面管理进行详细设置，为具体开展教育质量综合评价提供科学依据和规范化指导。

测评工具及采集数据的保密情况会直接关系到评价的真实性和客观性。凡是参与基础教育综合评价的工作人员原则上需签署保密协议，严禁以任何方式泄露评价相关工具及评价数据；建立评价保密文件室，内设保密文件柜，用于存储历年纸质测评工具、实施方案、相关文件及评价报告，并设教育评价专用服务器，用于处理、存储相关评价数据。

三、研发教育质量综合评价管理平台

相关机构可组织研发基于"互联网＋教育"环境下的教育质量综合评价管理平台，实现教育质量综合评价过程化、信息化和常态化。

（一）测评数据采集系统

利用网络将教育质量综合评价、学生综合素质评价、学生社会实践活动和学生体质健康信息管理等平台进行有效对接，整合平台和数据，实现互联互通和数据共享，汇聚多方的教育过程性和结果性数据，建设基础教育质量大数据库和学生服务大平台，为中小学生打造集社会实践、科普创造、公益践行、研究性学习等为一体的特色服务平台。如在体质健康信息方面，自动导入《国家学生体质健康标准》测试结果、学生体检报告和视力检测结果，完整记录每个学生从一年级到高三年级的体质、体能和健康状况，为学生身体素质评价提供真实可靠的数据。

（二）问卷测评系统

问卷测评系统用于采集学业相关因素测评指标测评数据。参测者登录在线问卷测评系统，选择相应身份，系统自动分配题本，记录参测者作答信息。同时，系统具有终端设备使用次数限制、支持逻辑调转和答题约束等设置，能够避免纸笔问卷调查带来的如印刷试题、录入数据等问题，提升数据采集的科学性和数据管理的便捷性。

（三）测评数据分析系统

测评数据分析系统会运用人工智能相关技术对测评中的不合理值、缺失值等无效数据进行自动清理，确保数据进入分析前是有效的。为保证数据清理的精准性，系统设置有校验规则对清理结果进行校验，一旦发现清理结果与预期不一致，系统便会及时向操作人员提醒。此外，系统还会保留数据清理记录，一旦出错，系统便会自动甄别原因进行规则调整，然后返回到源头重新计算。清理后的数据按照不同题型的计分方式进行统计处理，并将数据统计记录保留。如果遇到统计中断，系统会向工作人员提示原因，并给出相应的解决建议。为保证数据统计的准确性，系统设置有统计验算规则，包括对数据统计记录的核查、多台计算机的计算结果核对等。

（四）测评报告生成系统

测评报告生成系统通过预先定义好的报告模板将结果可视化，形成评价报

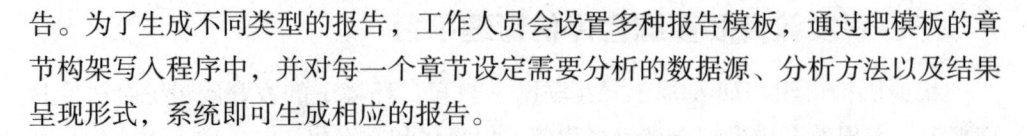

告。为了生成不同类型的报告，工作人员会设置多种报告模板，通过把模板的章节构架写入程序中，并对每一个章节设定需要分析的数据源、分析方法以及结果呈现形式，系统即可生成相应的报告。

（五）数据地图系统

相关机构可以组织研发基础教育质量综合评价电子地图。评价电子地图能够基于基础教育质量数据库，涵盖学校、校长、教师、学生等与教育相关的多个方面内容，破解文本阅读量大的瓶颈，通过图表、文字、动画等形式更直观地显示不同区县、不同指标发展状况及差异，为服务教育决策提供支持。

第八章　新时代基础教育管理体制和质量评价改革路径

我国基础教育管理体制和质量评价中存在一些问题，改革势在必行。只有通过深层次的改革，才能解决这些问题，才能改变我国基础教育管理体制和质量评价的现状，进而促进我国基础教育健康发展。本章分为治理理论层面——改革管理体制、政策层面——改善管理层面决策、政府层面——优化层级管理、学校层面——优化评价机制四节，主要包括完善地方负责管理的体制、在分级管理的基础上实行分工管理、改善管理层的决策体制等内容。

第一节　治理理论层面——改革管理体制

一、完善地方负责管理的体制

地方各级政府在国家基础教育方针政策指导下，因地制宜制定基础教育发展规划、法规制度，并组织实施、督导和评估，有效地履行基础教育管理职能。这是由我国基础教育发展当前和今后一个时期的形势所决定的，它不但符合我国的国情，而且符合世界各国基础教育管理体制改革的共同趋势。

完善基础教育管理体制，首先要体现中央统一领导的精神。但是，这种"统一"不同于过去事事由中央划定的模式，也不是事事由教育行政部门直接对学校实行控制和管理。这种"统一"，主要是指中央对基础教育进行大政方针的导向，如提出中小学办学规格和育人质量的基本要求、调动社会各界的办学积极性、协调各地的普通教育事业发展计划、进行各种调控活动等，通过这些举措来真正发挥中央的宏观指导作用。

其次，完善基础教育管理体制，要体现地方分级负责的精神。地方要负责，就要有相应的权限，为此应加强省、自治区、直辖市一级对基础教育事业的决策权和统筹权，加强中心城市和县级对基础教育工作的统筹管理权，实行分级管理。地方各级政府和教育行政部门，都应有对本地区中小学实施领导和管理的相应权限。各级地方政府应分级管理不同层次和类别的学校，分工管理中小学办学中各项教育行政业务工作。肯定"分级"并不意味着确定全国划一的、凝固不变的分级模式。由于各地区、各时期的实际情况不同，各级的管理水平不一，因此各地区的分级层次和各级的分工范围应允许有所差别。同时，分级和分工管理模式应是动态的，要随主客观条件的变化而调整和发展。

最后，完善基础教育管理体制，要体现调动有关各方积极性的精神。中小学面广量大，尤其是九年制义务教育的实施，几乎涉及每个家庭。办好中小学，需要有关各方力量通力合作。所谓调动各方积极性，是指不仅要发挥中央和地方各级的积极性，而且要发挥中小学以及社会各界的积极性。因此，在确立地方负责、分级办学、分级和分工管理的具体做法时，应改善主管部门与学校的关系，使中小学在国家法规的指导下享有更多的办学自主权。此外，在理顺教育系统内部关系的同时，需建立教育系统内外的协调机制。为此，要设法采取多种形式（如社区教育委员会、企业与学校挂钩、家长委员会等）来保证社会各界对中小学的支持，并在一定程度上参与学校管理和育人工作。

二、在分级管理的基础上实行分工管理

基础教育管理的工作十分繁杂，如果只分级不分工，就会形成纵向脱节，各自为政，致使整个基础教育管理不协调。目前，基础教育管理应完善"以县为主"的教育管理体制。

①完善县教委（局）的综合管理职能。县政府是由各业务主管部门组成的，县级要落实对县域内基础教育的统筹管理权，必须通过教育主管部门去实施，这就要求县级教育主管部门有对全县教育的人、财、事综合管理的职能，使人、财、事的管理有机结合起来，更好地保证和促进事业的发展。当前，要完善县级教育主管部门对教育经费预算和安排的职能；对乡教育管理部门主要负责人和中学校长考核任用的职能；对教师统一调配、技术职务评定的职能。

②变县教委（局）督导评估为主的管理方式为督导评估与依法治教相结合。依法治教是基础教育发展的根本保证，不能仅仅停留在教育法律法规的制定与颁布上，应该着力于实施。教育法律法规的真正实施需要有执法主体，并明确执法主体的职能。赋予县级教育主管部门执法主体的地位，是对基础教育执法

管理的基本途径。当前，要在有关教育法律法规尤其是基础教育的法律法规中充分确立教育主管部门执法主体的地位，明确执法机制的建设，明确执法的手段和途径。

③变县级教育主管部门机构设置的单一性为综合性。县级教育主管部门要代表政府行使对县域内基础教育的统筹管理职能，必须加强其机构建设，使机构设置适应服务与管理双重职能的发挥。县级教育主管部门的机构设置应从健全、精干、高效的原则出发，设置服务部分、管理部分、评估部分、执法部分等。当前，首先要解决一个部门多块牌子的形式主义倾向，解决机构设置单一，不宜发挥服务、管理、评估、执法、监督综合职能的现象，从而保证县级教育主管部门发挥对全县基础教育综合管理的作用。

三、建立多元监督管理和信息公开机制

（一）建立基础教育多元监督管理体制

教育体制改革需要科学、合理的顶层制度设计，更需要政策的贯彻落实。政策实施是理论联系实际的关键环节，而有效的监督机制是保障政策落到实处的有力措施。基础教育管理体制改革是一项综合改革，需要建立多部门参与、多环节监督的多元监督机制。

规范基础教育管理体制改革的实施，必须建立与之相应的监督机制。从已出台的各项改革措施中可以发现，教育管理部门对学校的监管工作还是比较重视的，对学校内部自我监督和外部的行政监督都做了相应的规定。然而，已有的监督管理机制，各环节相互孤立，且监管方式相对单一，难以形成有效的监管体系。基础教育管理体制改革涉及多主体的利益，多元监督机制不仅能强化政策实施各环节的监管，还能调动各利益主体参与改革的积极性。

①从国家层面明确教育行政部门、学校监事部门、举办者等管理主体的职责，明晰权利与义务，落实好管理的责任意识。实地调研发现，尽管各地区针对基础教育学校制定了相应的管理条例，建立了管理部门，但是有的地区管理主体的角色和职责没有落实到位。

②建立专门的监督管理机构。由于学校的管理涉及多个部门，并非教育部门所能独立处理，因此容易出现监管上的懈怠和不作为问题。为此，最好的解决方法是在地区教育部门内设立专门的监管机构，由教育局总领监管职责，然后会同各部门共同解决。又或是成立单独的监管机构，专门监督管理学校，其职责只是

监管，而非业务管理。如此制度设计有助于明确学校的监管职责，防止部门间的相互推诿。

③构建多元监督机制。所谓"多元"，一是指多部门、多主体共同参与，二是内部、外部共同监管。依据基础教育的改革实践和经验，有学者提出了建立由教师监督、行政监督、社会监督构成的"多元监督模式"。

为更详细阐述多元监督的思想，这里以"学校管理章程"制定与执行的监督为例来说明。

首先，在章程制定环节，董事会（理事会）制定的学校章程法案必须交由教职工代表大会进行民主讨论和表决通过，并且公示之后才能实施，这是发挥基础教育学校内部监督的第一步。同时，学校监事会和教育行政管理部门必须监督学校章程的制定程序是否合法、民主，对于学校举办者"一言堂"式的管理方案要予以行政干预，督促学校通过民主的方式制定符合本校的章程。家长委员会有权要求学校对相应章程进行公示和解释，这是社会监督的一部分。

其次，在章程实施环节，监事会和教职工代表大会等校内监督机构可以依据教职工代表大会审议通过的方案对实际过程中的方案提出质疑，要求做出解释或修改，也可以反馈到教育行政管理部门。

最后，在章程修改环节，教育行政部门应当根据学校章程实施中所反映出来的实际问题督促学校决策机构进行修改完善，并交由教职工代表大会讨论，所有流程按照初始的制定程序执行。

（二）建立基础教育信息公开制度

基础教育信息公开制度是指基础教育学校各类办学信息实行公开、透明的公布制度。学校是依靠市场来办学的，但是纯粹依靠市场办学有其内在的弊端，比如供需双方信息不对称、市场调节失灵等。建立信息公开制度是维护教育市场合理秩序、促进学校间公平竞争、保障受教育者合法权益的重要途径。为了做好基础教育学校信息公开制度的建设，应做好以下几项工作。

①建立基础教育学校信息发布平台。由地区教育管理部门负责将域内基础教育学校提供的翔实信息发布在平台上，并负责维护与更新。信息内容包括学校举办者信息、硬件资源、师资队伍、教学质量（学校评估等级）等。这样有助于教师、家长真实了解学校的办学信息。

②县级教育管理部门将每年核定的学校招生计划或名额在平台上予以公布。此措施有助于防止学校过度招生，影响教学质量。

③建立虚假信息学校的惩罚制度。在某些地区曾出现学校通过虚假广告信息进行招生，如提供不实的教学条件、师资条件信息吸引学生入读。对于此类学校要进行惩罚，并及时公布处罚信息，规范教育市场。

总而言之，建立基础教育学校信息公开制度，旨在增加教育市场的透明度，杜绝一切"黑箱"操作，规范域内教育市场。此项措施可以与建立基础教育决策信息数据库的措施联合实施。

四、科学划分地方各级政府的职责权限

划分各级政府的职责权限要体现权责相称的权力组织原则。"有什么样的责任，就有什么样的权力；有多大的权力，就要承担多大的责任。"这是现代教育管理理论中关于组织设置的权责相称原则。

权责相称是充分发挥职责的一项原则，而各种管理模式又是动态的，需要根据主客观条件的变化而临时做出相应的调整。在我国教育行政权力的分配上，需要集中管理还是分权管理要具体问题具体分析，该集中的要权力集中，由中央掌握；该分权的应权力下放，以调动各方的积极性。针对"以县为主"的基础教育管理体制，应根据我国各地不同的发展情况，因地制宜，合理分权与集中管理，把中央、省级、县级等各级政府的权责明确、具体化，中央与地方同时还要保持良好的沟通与联系。

划分各级政府的职责权限要坚持发挥各方积极性的原则。基础教育事业是一项巨大的社会工程，必须充分发挥各级、各方的积极性和办学的潜力，才有可能充分利用各地的人、财、物各方面的资源来办好教育。基础教育行政管理体制改革的主要目的就是调整和完善这种协调和制约机制，最大限度地发挥各级教育行政机关和学校的积极性、主动性、创造性，促进教育事业快速、稳定、健康发展。因此，教育行政管理体制改革必须有利于调动各方的积极性。

发挥各方的积极性，是指不仅要发挥中央和地方各级政府的积极性，而且要发挥社会各界的积极性。只有发挥各方的办学积极性，才能使各地的教育事业发展符合各地的具体情况。

①中央应在基础教育投入方面起主导作用，针对不同地区、不同投资项目，实现中央政府、省政府和县市政府分比例共担。在经济发达地区，省市一级财政充足，民间资金富集，基础教育经费投入可以由省市一级财政解决。在经济较为发达地区，基础教育资金投入可以由中央政府和省市一级政府按比例共担。在经

济欠发达地区，中央可以对于这些地区基础教育经费投入作较大倾斜，资金投入主要由中央负责。同时，国家对基础教育的管理主要还包括确定基础教育的教学制度、课程设置、课程标准、审定教科书等重大事项。

②省（市）级人民政府应以宏观管理为主，加强教育统筹规划。合理安排本省（市）内中小学布局，核定全省（市）内教师编制，制定年度教师引入和培训计划，审核本省（市）内学区调整计划和中小学合并计划，尤其是农村中小学学校合并计划。组织安排好中央对省本级的转移支付资金，加大对贫困地区和经济欠发达地区的教育扶持力度。

③县（市）级人民政府对本地农村义务教育负有主要责任，要抓好中小学的规划、布局调整、建设和管理，指导学校教育教学工作；调整财政支出结构，加大对义务教育的投入，统一发放教职工工资，保证学校工作的正常运转；加强教师队伍建设，负责中小学校长和教师的管理；负责教师引入申请和学区调整及中小学合并计划的申请；确定本县（市）内的教学计划和学期计划；进一步动员和组织社会各方面支持基础教育发展。

④继续发挥村民自治组织在实施义务教育中的作用。乡（镇）、村对新建、扩建校舍所必需的土地，应按有关规定划拨。乡（镇）、村都有维护学校的治安和安全、动员适龄儿童入学、倡导农民通过义务劳动及自愿捐助等多种形式支持中小学建设和危房改造的责任。

第二节　政策层面——改善管理层面决策

一、改善管理层的决策体制

我们必须进一步加强城乡之间居民政治权利的对等化。有关公共利益的投资方案，我们要听取不同行业、不同阶层群体的意见，充分考虑到各群体的利益，只有这样才能反映公共决策的科学化与民主化，并将有关意见报请人民代表大会，以做出正确的决策。由此可见，各人大代表之间的比例直接影响到最终的决策结果。

改善决策体制有利于促进教育公平和城乡共同发展。

二、完善财政投入政策

（一）提高国家财政的整体教育投入比重

基础教育是公共产品。根据公共产品理论，基础教育支出必须由政府承担。按照公共财政的要求，公共产品受益的是全体国民，则支出责任应属于中央财政；受益范围是区域公民，则支出责任应属于地方财政。正如经济学家弗里德曼所说，"基础教育对社会来说具有正邻近影响"。因此，维持基础教育的费用应由政府的财政部门承担。

基础教育投入是整个教育投入的重要组成部分。为了提升基础教育的地位，首要的是需提高国家财政对教育的整体投入力度。但就我国情况来看，当前整体教育投入总量不足，财政性教育投入仅占 GDP 比重的一小部分。目前在我国教育投入总量中，财政性教育投入占 80% 左右，这说明增加国家财政性教育投入是增加教育投入总量的关键。因此，我国要强调政府在基础教育投资中的"绝对财源"的地位和作用，适当提高政府投资在基础教育经费总额中的比例，真正构建基础教育投入保障机制。

为此，在预算安排上，首先要确保《教育法》中规定的教育经费"三个增长"的落实。"三个增长"即各级政府教育财政拨款的增长应高于经常性财政收入的增长，并根据在校学生人数逐步增加平均教育费用，确保教师工资和学生平均公共开支逐步增长。在此基础上，根据经济发展状况，将财政收入超收部分更多地用于教育投入，确保教育支出的稳定增长。

（二）提高投资主体重心，各级政府分担投入

1. 基础教育投资主体重心上移

根据社会公平理论，基础教育支出应当由政府承担。对于基础教育来说，公平问题是国家提供该公共产品的重要原因。均等的教育机会能缩小收入分配的差距和实现社会公平。在现代社会经济条件下，要缩短人们贫富之间的差距，设法增加相对贫困者的所得，一个最有效的捷径就是投入更多的资本在低所得者的身上，使他们因为接受较多的教育与训练之后，增加他们的收入。这样一来，有助于社会实现教育机会的均等，提升人们的获得感。

从国际经验来看，基础教育公共投资主体的重心都在高层政府，而不是低层政府。无论是实行中央集权还是地方分权的国家，政府都是基础教育投资的主体，对基础教育发展承担主要责任；教育经费都由各级政府共同承担，而且中央和省

级财政的责任较大。

从当前政府的财力状况来看,中央财政收入提高,使中央和省级政府成为农村基础教育的投资主体,在实践上具有了可行性。近几年,我国经济发展迅速,财政收入增速加快。按这一增长势头,我国政府完全有实力解决基础教育的经费短缺问题。

我国现行的基础教育财政体制没有硬性约束中央、省级政府在义务教育投资中的分担责任,导致财政能力与承担责任的矛盾与冲突,造成高层政府宏观调控能力的弱化。目前我国综合国力增强、财政能力提高,特别是中央财力加强,中央财政有能力在基础教育公共产品的提供中发挥更大的宏观调控、协调和统筹作用,有能力为基础教育的发展提供更多的公共财政支持。

2. 建立由各级政府分担的教育投入机制

从国外政府在基础教育经费方面的预算管理来看,每一级政府承担哪一方面的经费责任及具体数额,不仅有严格的预算基础,而且有具体的计算细则。如法国、德国、日本、俄罗斯等国按照不同经费项目分担责任:教师工资通常由中央或高层政府负担,学校基本建设和经常性运转经费由基层政府负担。美国等国家则以州政府确定的生均经费基础水平为依据,采取上级政府向下级政府直至学校按照特定计算公式进行定额补助的方式进行。无论分项分担还是以生均经费基础水平为依据的定额补助,不同层级政府分担的经费责任都非常具体。

我国应根据各级政府的财政和经济状况,对基础教育所需的各项经费的初始来源和责任做出明确的分工,以法律的形式界定各级政府在基础教育方面的财政范围,实现基础教育公共产品的分层供给,确保基础教育发展的大体均衡。

对于省份而言,经济发达的省份,中央政府基本可以不管;经济较发达的省份,中央政府要进行转移支付;经济欠发达的省份,要建立以中央为主的、相对集中的分担机制。对于县而言,经济发达县实行"县负全责"体制,由县财政承担基础教育的大部分经费;中等发达县实行"以县为主"体制,省财政可对教师工资、危房改造等作适当补贴;经济落后县实行"以省为主"体制,省财政应承担除公用经费外的大部分教育经费。教师是基础教育中最重要的一项经费支出,建议中央财政对西部地区基础教育教师工资经费承担主要责任,对中部承担部分责任,东部地区和中部地区的省级政府对本地区教师工资的部分经费承担责任。

(三)建立规范的财政转移支付制度

各级政府和财政部门应充分认识到经费投入在实现教育公平中的重要作用,

建立起更为规范、积极的财政转移支付制度。一方面，要进一步规范中央对地方的教育转移支付，加大对转移支付结构的优化，强化一般性转移支付力度，确保所投入的教育经费能够切实有效地应用到各地区的各级教育事业当中。另一方面，中央要加强对地方教育的财政支持，根据各地区经济发展水平和财政负担能力进行教育补贴，实现区域、城乡教育投入平等化。此外，各级政府和财政部门要合理分配各个阶段的教育经费，尤其要重视对西北地区高中教育的投入，形成专项转移支付对各级教育的良好支持。

（四）完善财权与事权相匹配的教育投入机制

我国应进一步建立和完善财权与事权相匹配的教育财政体制。在确保地方政府财政性教育经费持续、稳定增长的同时，各级政府应适时提高对基础教育的预算拨款标准和投入水平。

各地区政府要在明确教育经费总体需求的基础上，制定符合本地区实际情况的各级教育平均财政拨款基本标准，并通过倾斜性机制保障城乡投入的平衡。省级政府要给予地方基层政府更多引导和规范基础教育的相关事权，督促其进一步完善教育经费使用与管理机制，在确保经费使用效益的基础上，为各级各类教育的开展提供可靠经费保障。

（五）推动基础教育投入体制法治化

基础教育是国家规定的国民教育，这一属性决定了基础教育应当是一种公平的教育，需要通过教育法来确保其公平性。从美国基础教育发展来看，基础教育的实现要有健全的法律约束机制，并要以政府的教育财政为保障，二者结合就会有效地促进教育的发展。

我国教育经费投入的总体水平还较低。但是，这种状况已经开始改变。例如，在《义务教育法》中专门有9条法规明确义务教育经费保障机制问题，规定了国务院和地方各级人民政府应当将义务教育经费纳入财政预算，以法律的形式确定了各级政府对义务教育的投入责任。但是，我国现有的法律法规中，关于教育投入的规定，有些方面几乎没有触及，有的尚不明确，缺乏可操作性，在执行过程中，缺乏明确的责任追究制度，难以受到制度性的约束和监督，容易变成"软法"。

教育投入是国家教育事业不可分割的重要组成部分，只有积极推进教育财政决策的民主化、法治化，不断健全国家教育财政法规体系，以法治教，教育经费的筹措、负担、分配、使用等才有法可依、有章可循、责任明确、趋向完善。

1. 借助于政策和法律来规范和保证教育投入

基础教育法体系的日臻完善,为出台并实施"提高基础教育财政重心"的措施提供了有力的法律保障。一是进一步落实"以县为主"的管理体制。各级人民政府应切实承担起相应基础教育的主要财政责任,严格按《义务教育法》规定的"三个增长""两个提高"的要求,依法做好预算内教育经费投入保障工作。二是建立政府基金和非税收入等财政性资金对基础教育投入的保障机制。强化政府对基础教育投入的主渠道作用。三是建立完备的教育投资法律规范,引导和促进个人教育投资、民间资本进入教育市场,如通过教育捐赠法的出台,建立完善教育捐赠事业的发展机制。

2. 切实做好基础教育经费保障工作

第一,严格执行预算管理制度。各级财政部门应积极推行中小学部门预算管理,严把预算编制、审核关口,重点加强专项预算编制的真实性、合理性的审核,加大对教育部门和学校预算资金使用情况的监管力度。

第二,认真落实教师工资县级财政统发制度。全面落实教师工资县级财政统发制度,确保当地统一出台的福利补助政策在农村中小学的落实。

第三,减少经费拨付的中间环节。

第四,合理制定中小学公用经费保障标准。采取生均标准加单位定额补助的保障办法,确保农村中小学特别是困难学校教育教学工作正常运转。

为保障农村基础教育经费及时足额到位,以山东省为例,其制定出台了《关于农村义务教育经费保障机制改革违法违纪行为处分规定(试行)》,以强化义务教育经费保障机制。

3. 加强教育督导与监督

第一,主管部门要增强政策法纪观念,严格执行收费政策。建议教育主管部门尽快研究制定社会捐资办学经费的管理使用办法,坚决纠正政府部门直接组织并参与向基础教育学段学生收取与入学挂钩的赞助费、择校费的行为。

第二,基础教育学校要坚持依法办学的方针,规范国有民办学校运作。规范国有民办学校管理,坚决纠正通过"校中校"变相提高收费标准的违规行为。对没有办学条件的民办学校,应立即清理;对有与公办学校相分离的校园和基本教育教学设施的国有民办学校,应进行整顿,教育教学工作应与公办学校分离;对实施基础教育的公办学校转为民办学校的,应立即纠正;加强招生和学籍管理,国有民办学校与参与举办民办的学校,应严格按教育部门下达的招生计划独立组

第八章 新时代基础教育管理体制和质量评价改革路径

织招生，不得将其混合编班、混合教学。

第三，教育主管部门要强化系统内部管理，纠正教育行业不正之风。加强教育督导监督检查，促进各地教育、物价、财政、审计、税务等部门各自职责的落实。同时，引入社会监督机制，全面推行教育收费、经费收支公告制度，充分发挥社会的监督作用。

为保障县（市、区）域内基础教育经费落实，确保教育经费及时、足额拨付到学校，在加强教育督导监督的过程中，应不断促进"以县为主"管理体制的完善。在教育工作综合督导评估中，县（市、区）实行财务统管是一项重要内容。教育工作示范县（市、区）督导评估中，对财务统管实行"一票否决"。一些县（市、区）由教育局、财政局、审计局、监察局、物价局等相关单位，共同制定出台了县级财务统管文件，成立了县（市、区）教育中小学会计结算中心，确保了基础教育经费的及时足额拨付到位。

结算中心为教育局内设机构，隶属县（市、区）教育局计财科管理，计财科长兼任结算中心主任，其内部设副主任、主管会计、会计、复核、出纳、稽核、固定资产管理等岗位。集中统一会计核算坚持"三不变"的财务管理原则：坚持财政预算管理机制不变，学校财务管理机制不变，学校会计责任不变。资金的所有权不变，集中管理，分校（镇处）核算，专款专用，内部结算，超支不补，结余留用，不搞平调，强化监督，定期审计，按月通报。

财务管理体制实行"统一领导，集中管理"的管理体制，取消学校会计机构、会计岗位，构建公共财政体制框架，各单位的收支及资金活动情况，由县（市、区）教育局统一管理，各学校作为区教育局的报销单位，只设报账员，在校长领导下管理学校财务活动。各镇处教育办公室设总报账员，所属学校设报账员按指定的时间向总报账员报账，总报账员审核、整理、编制会计分录后统一向县（市、区）教育财务集中管理结算中心报账。

（六）完善教育投入管理、考核与激励制度

要实现教育公平，必须做到教育投入的增长与均衡，国家和地方应加强教育投入政策和制度设计，建立相应的教育投入考核与激励机制，充分调动各级政府对地方教育财政投入的积极性和责任感。

1. 规范各级政府对基础教育的投入管理

基础教育包括义务教育和高中教育两个阶段。在现行国家教育体制下，政府对两类教育的投入管理制度有所区别。对义务教育，政府应将其全部纳入公共财政保障范围。地方政府应在教育投入中充分体现公平原则，确保建立城乡统一、重在农村的义务教育经费保障机制。高中教育属于非义务教育，应实行以政府投入为主、受教育者合理分担、其他多种渠道筹措经费的投入机制。高中教育在偏远地区是薄弱环节，政府应加大对公办普通高中教育的投入支持力度，制定城乡统一的普通高中生均拨款标准，按照国家要求补足普通高中取消"三限生"政策后的经费缺口，并帮助高中有效化解债务。

2. 建立教育投入考核制度

虽然我国《教育法》对教育投入有明确规定，但并没有相应的细化考核办法，这也导致了我国教育投入"两个比例"和"三个增长"的落实不力。中央和各省区要建立教育经费统计监测公告制度。中央政府应适时将教育投入的"两个比例"情况向全社会公布，地方各级政府也应对其"三个增长"情况进行适时公开。此外，各级政府要做好教育资金的均衡化配置。可以建立符合本地区实际的标准化、系统化、具有可操作性的教育投入考核及处理办法，以及明确的基础教育投入问责机制，并加大落实力度。

3. 设立教育发展达标奖励机制

要促进教育的发展，不只要"管"，还要"促"。各项教育投入政策的落实，最终要靠各级政府部门的重视和落实。因此，有必要通过制度建设调动地方各相关部门对教育投入的重视程度和积极性。中央和各地方政府应在教育投入业绩考核制度中设立奖惩机制，对投入达标情况完成出色的政府或部门给予奖励，对落实不到位的予以处理。同时，组织部门应将教育投入及均衡化督查结果与基层政府党政一把手的考核、评优、晋升直接挂钩，对教育投入不足、挪用上级转移支付等问题，一经发现一票否决，提高政府和官员对教育投入的重视度和责任感。

第三节 政府层面——优化层级管理

一、优化组织结构

"扁平"的组织结构的优点有：①层次较少或者层级之间的结构更加扁平，信息传递速度快且不易失真。②有利于行政首长的宏观管理。在扁平化的组织结构中，行政首长同时指挥多个部门，使其不能管得过细、过多，只能进行宏观调控。③由于基层部门直接对行政首长负责，有利于充分发挥下属的积极性、主动性和创造性，有利于下属独立自主地完成各项任务。④权力重心下移，基层对外界的形势变化能迅速做出回应，有利于减少行政管理成本，提高行政效率。因此，我国基础教育管理体制改革，应据管理学"幅度控制"原理，适当减少管理层级，合理设置组织层次。这里的"适当减少层级"，既指适当减少政府层级，又指适当减少政府内部层级。

二、优化权力结构

（一）重新界定各级权力结构

我们应当建立一种权力结构，使政府集中精力管大事，以方针、法规、拨款、规划等必要的行政手段对教育进行宏观调控，给地方教育行政机构和学校更大的自主权，鼓励社会参与，对政府、市场和学校的关系进行重构，将政府各级教育行政机构对学校的管理从直接办学转为间接调控，建立起学校的自主权和家长、学生的选择权，而不是以直接的民主管理为中心的公共教育体系。将那些"不该管、管不好、管不了"的事，交由社会专业机构去管，加强学校的办学自主性，提高学校办学的积极性，调动社会参与基础教育管理事务的积极性。

（二）设立学区教育委员会

学区教育委员会是一个社会中介组织，既不是政府的附属物，也不是学校的代言人，更不是政府与学校之间的一个行政管理层次。它由一定地域范围内的社会名流、教育专家、社区代表、家长代表、教师代表组成，在一定地域范围内的若干学校和政府与社区之间发挥服务、沟通、公证、监督功能，实施具有服务、执行及部分监督职能的一个议事组织。

学区教育委员会下设若干分支机构：教师协会、家长委员会、学校董事会、学生会等。这些组织是公众参与学校管理的平台，也是对学校办学行为和办学质量进行监督的平台。

三、剥离部分职能

我们可以通过剥离部分职能来优化管理。例如，在教育行政部门的内设机构里，取消基建、财务、审计、人事、教研室、教科所、教师培训中心等职能机构和辅助机构，将相应的职能剥离出去，交给相关专业机构和社会组织。

第一，将教研室、教科所、教师培训中心的教育科研和培训职能移交给大学，由大学承担基础教育科研任务与教师继续教育任务。一方面，大学拥有大量专业人才，信息充足，能将科研与培训工作做得更加专业有效。另一方面，这样做可以促进大学科研、培训机构与基础教育一线学校的紧密结合。

第二，将基建、后勤、安全工作交给政府的公共事务管理部门，或通过购买服务的方式，实行后勤服务社会化。将学校建设、物品采购、物业管理及其他后勤事务交给相关部门依法管理，既能实现管理的专业化，起到"能管""管好"的作用，又能减轻学校的负担，使学校和教育行政部门专心进行教育教学管理。

第三，将财务、审计工作交给专业财务管理中心及会计师事务所管理。

第四，通过购买服务或招标的形式组建、撤销临时性机构。行政机关，除常规工作外，有时还得根据上级安排或结合本系统实际，对某项重要任务进行攻关、突破。这就需要打破某一机构的常规职能，抽调合适的人员组成不增加编制的临时性机构，行使临时性的职能。任务一经完成，临时机构便自行撤销。对于这类机构，最好的办法就是通过购买服务或招标方式来组建，采取这种"以不变应万变"的机构设置措施，既保证众多的确定和不确定的工作任务如期完成，又能提高行政机关的适应性，保持机构、人员一定的精简度，防止机构再度膨胀。

上述剥离措施，可以精简基础教育行政管理部门的机构，实现基础教育行政管理部门的有效职能，提高管理效能。

第四节 学校层面——优化评价机制

一、强化过程性评价

学校评价应该重视过程性评价。因为过程性评价着重的是过程而不是结果的评价，更不会单纯地以量化的评价结果来衡量。它属于个体内差异性评价，遵循了学校评价的多元智能理论、人本主义理论、差异性原则和过程性原则。

过程性评价是在推进基础教育过程中进行的评价，目的是及时了解推进基础教育的情况，发现问题，及时调整，促使教师对教的过程进行积极主动地教学反思与总结，改善和发展正在进行的教育教学活动。过程性评价的实施方法比较灵活，可以与基础教育的日常管理相结合，有时也可以重点突出，并分别对具体过程进行评价。对基础教育学校来说，过程性评价大多通过自我工作检查和自我反思的方式来实施。

结果性评价是一种事后评价，在教育活动后进行评价，是对已经做的工作进行总结。因此，评价者一般不再干预评价因素，而是对各种情况发生的自然情况进行统计分析，并与预先设定的目标进行比较，然后做出评价。结果性评价可以反映事物的某一侧面，但不能反映全过程中体现出的特征。

二、质性评价与量性评价并重

质性评价和量性评价是学校评价中非常重要的方法。它们各有千秋。质性评价方法更适合用于过程性评价，它在学校评价过程中重视各种因素的互相作用，深入分析评价原因，强调人们在评价过程中的相互沟通，评价方法具有灵活性、针对性；其弱点是受评价主体者主观性影响较大，容易被干扰，对评价者的依赖性较强。量性评价方法具有数据简单、可量化、操作简便、便于移植的优点；它的不足是重视结果、忽略过程，学校评价的数据信息容易失真，忽视评价者与被评价者之间的相互交流，缺乏灵活性。

长期以来，以"量化"为特征的评价方法一直是学校评价的科学化和规范化的基础，这种评价方法必然导致过多的量化的做法，导致许多难以量化或不可能量化的内容出现人为地硬性量化。基础教育学校评价在评价目的方面确定了以学生创新意识培养和素质教育为目的，在过程评价的基础上，确定了重视质性评价的评价方法。

从质性评价和量性评价的相互关系看，虽然表面上两者存在相反的一面，但从辩证的角度看，两者实际上是一种优势互补的关系，妥善恰当地处理好两者的关系，使它们充分发挥各自的优势，吸收对方的理性因素，尤其是做到有机地结合，就可以充分发挥学校评价的发展性功能。

三、静态评价与动态评价相结合

静态评价是指针对被评价对象当时已经处于的水平或者已具备的条件进行评价。静态评价只考虑被评价对象在特定的时间和空间中所呈现的现实状态，不考虑被评价对象过去的状态和未来的发展趋势。所以，对于一段时间内变化不明显的被评价对象，采用静态评价可以便于进行横向比较，容易清晰地判断其是否达到了某种标准。

动态评价是指对被评价对象的发展状态进行评价。动态评价将评价视为一个发展的持续的过程，对被评价对象的评价分析包含了过去、现在和未来的整个过程，具有动态的过程性。

将静态评价和动态评价相结合，既可以横向比较被评价对象，了解被评价对象现在所处的位置，又可以进行垂直比较，发现被评价对象未来的发展趋势，从而使评价更客观、公正。

四、标准化评价与个性化评价相结合

评价需要标准化，但也需要个性化，只有把标准化和个性化很好地结合，才能发挥评价的更大作用。如果没有个性化评价，那么，文学大师钱锺书就不会数学高考 15 分还被清华大学录取，也就不会有著名小说《围城》的问世了；著名的数学家华罗庚小时候因家境贫寒，初中一年级没读完就辍学了，但他没有放弃学习，靠自己坚持自学，最后他被清华大学聘请为数学教师更是历史上破天荒的事情。诸如此类的例子举不胜举。因此，基础教育学校评价更应该坚持标准化评价与个性化评价相结合，以全面和发展的观念来评价教师与学生。

参考文献

［1］金保华. 教育管理的伦理基础［M］. 武汉：华中师范大学出版社，2012.

［2］李洪修. 基础教育改革研究［M］. 长春：吉林大学出版社，2012.

［3］周慧，刘莺，高慧冰. 区域基础教育科研绩效管理研究［M］. 广州：暨南大学出版社，2012.

［4］蔡定基. 基础教育学区管理模式研究［M］. 北京：人民教育出版社，2013.

［5］曹俊军. 深化基础教育课程改革的沉思［M］. 武汉：华中科技大学出版社，2015.

［6］和学新. 基础教育课程的变革与反思［M］. 桂林：广西师范大学出版社，2015.

［7］李奕. 首都基础教育的战略转型与模型建构［M］. 北京：教育科学出版社，2015.

［8］王建国. 基础教育课改探索与实践［M］. 广州：暨南大学出版社，2016.

［9］王志祥，柏传志. 基于SPSS的基础教育的测量与评价［M］. 苏州：苏州大学出版社，2017.

［10］查建华，于海洪. 基础教育本质新论［M］. 成都：西南交通大学出版社，2017.

［11］周序. 高考改革与基础教育变革［M］. 杭州：浙江教育出版社，2017.

［12］娜仁高娃. 基础教育场域论［M］. 重庆：重庆大学出版社，2018.

［13］任翔. 教师阅读与基础教育［M］. 济南：济南出版社，2018.

［14］谢绍熺，余奇，席梅红，等. 广东省推进基础教育现代化策略与路径探索［M］. 广州：广东高等教育出版社，2018.

[15] 葛军，徐万田. 淮安基础教育质量保障体系构建研究［M］. 苏州：苏州大学出版社，2019.

[16] 杜彦武. 地方大学数学教育与基础教育互动发展研究［M］. 长春：吉林出版集团股份有限公司，2019.

[17] 江芳，杜启明，常春. 基础教育热点问题研究［M］. 北京：中国商业出版社，2019.

[18] 闫艳. 基础教育学校评估：教育生态学的视野［M］. 杭州：浙江大学出版社，2020.

[19] 王长顺. 陕西基础教育教学改革与教师教育的理论与实践［M］. 西安：陕西人民出版社，2020.

[20] 刘立伟. 信息化条件下的基础教育管理与教学［J］. 科学中国人，2016（27）：282.

[21] 王茂远，范炳运. 基础教育学校管理工作存在的问题及对策［J］. 新校园，2017（09）：14.

[22] 吴丽虹. 基础教育管理的现实反思及其价值探讨［J］. 课程教育研究，2017（26）：23-24.

[23] 贺洁. 基于教育转型视角的基础教育发展透析［J］. 教学与管理，2017（21）：26-28.

[24] 褚宏启. 中国基础教育现代化的六个关键问题［J］. 中小学管理，2018（10）：27-30.

[25] 黄武云. 快速城镇化对我国基础教育管理体制改革的新思考［J］. 中国集体经济，2018（06）：60-61.

[26] 哈斯朝勒，郝志军. 我国基础教育课程管理政策分析及改进建议［J］. 当代教育与文化，2019，11（04）：39-44.

[27] 孟宪伟，李盼盼. 新课程环境下的基础教育管理创新发展［J］. 科幻画报，2019（06）：64-65.

[28] 周彬真. 关于我国基础教育管理体制改革的走向分析［J］. 读写算，2020（09）：157-158.